NINA KELLER

WILD BLUMEN

FÜR BALKON UND TERRASSE

Mit einheimischen Arten Lebensraum für bedrohte Insektenarten schaffen

INHALT

VORWORT DER AUTORIN

Hallo und herzlich willkommen in der wunderbaren Welt der kleinen Naturgärten! Egal ob Sie eine Terrasse, einen Balkon oder vielleicht nur einen Treppenabsatz zur Verfügung haben – ich möchte Sie einladen, in die eindrucksvolle Welt der bunten Blüten und faszinierenden Insekten einzutauchen. Genießen Sie die Farben und Formen der Blüten und ihrer summenden Besucher auf Augenhöhe! Denn das ist besonders schön an den wilden Topfgärten: Es ist ganz einfach, mittendrin zu sein, Sie können sich auf einem Liegestuhl entspannen und dabei dem bunten Treiben zusehen.
Auf meinem Weg über das Studium der Biologie bin ich zur Wildpflanzengärtnerin und Botschafterin für diese zauberhaften Geschöpfe geworden. In meiner Gärtnerei wird einheimisches Wildpflanzensaatgut vermehrt, der Hofgarten wächst und seit einigen Jahren experimentiere ich mit Wildblumen in Töpfen. Das macht mir zum einen großen Spaß, hat aber auch den Zweck, das Gärtnern mit einheimischen Wildblumen der breiten Öffentlichkeit zugänglich und somit salonfähig zu machen.
Was für eine wunderschöne Vorstellung, dass alle grünen Flecken und Balkone sich in bunte Blütenmeere verwandeln! Ich wünsche Ihnen viel Spaß mit Ihrem eigenen kleinen Wildblumenparadies und danke Ihnen herzlich für Ihr Engagement. Seien Sie dabei, für mehr Vielfalt, Schönheit und Naturschutz!

Ihre

BACK TO NATURE

Zurück zur Natur! Das funktioniert auch auf Balkon und Terrasse. Denn selbst das kleinste Fleckchen lässt sich mit einem Topf voller Wildblumen ohne großen Aufwand schöner und bunter gestalten. Und zeigen diese erst einmal ihre Blüten, stellen sich noch weitere farbenfrohe Besucher ein.

WILDE SCHÖNHEITEN FÜR BALKON UND TERRASSE

Mit einem bunten, abwechslungsreichen Wildblumen-Topfgarten können Sie sich, der Natur und ganz besonders den Insekten etwas Gutes tun. Die wilden Schönheiten sind robust, unglaublich vielfältig und ein Genuss für das Auge. Besonders wenn die summenden Nektarsammler vorbeikommen, gibt es viel zu sehen.

Ein »grüner Balkon« inmitten der Stadt, ein pflegeleichtes Blumenmeer in allen Farben, vorbeiflatternde bunte Schmetterlinge und zahlreiche summende Blütenbesucher – das ist der Traum vieler moderner Balkongärtner. Denn das wachsende Bewusstsein für die Notwendigkeit eines nachhaltigen Lebensstils in den letzten Jahren hat dazu geführt, dass immer mehr Menschen auch auf Balkon oder Terrasse im Einklang mit der Natur gärtnern wollen.
Möglichkeiten gibt es viele. Eine schöne und zugleich unaufwendige Option für nachhaltiges Gärtnern auf Balkon und Terrasse bei gleichzeitig hohem Spaßfaktor ist der Naturgarten in Töpfen: ein bunter Mix aus einheimischen Wildblumen, die entweder den ganzen Balkon besiedeln dürfen oder mit Gemüse oder anderen nektarreichen Blumen kombiniert werden. Mit diesem Gestaltungsansatz für Balkon oder Terrasse unterstützen Sie nicht nur die bedrohte Gruppe der Insekten, sondern schaffen sich zudem auf nur wenigen Quadratmetern Ihr individuelles naturnahes Paradies.

Mit einer natürlichen Balkon- oder Terrassenbepflanzung erschaffen Sie eine grüne Oase. Entspannen Sie, während es blüht und summt, denn einheimische Wildblumen sind unkompliziert und lassen Ihnen genug Zeit, Ihren Balkon ausgiebig zu genießen.

Worum es geht

So viel ist klar: Wildblumen sind Pflanzen, die in der freien Natur wachsen, also am Waldrand, auf der Wiese, an Gewässerrändern und an vielen anderen Standorten. Uneinigkeit besteht jedoch hinsichtlich der Herkunftsorte von Wildblumen oder Wildpflanzen. Für Gärtner sind Wildblumen Arten, die züchterisch nicht verändert wurden, aber durchaus auch aus anderen Weltregionen stammen können. Für Botaniker sind Wildpflanzen einheimische Arten. Als einheimisch werden definitionsgemäß all diejenigen Arten bezeichnet, die vor der Entdeckung Amerikas durch Christoph Kolumbus bei uns vorkamen, die sogenannten Archäophyten. Für die in diesem Buch vorgestellten einheimischen Wildpflanzen habe ich die Archäophyten aus dem Raum Österreich, Deutschland und der Schweiz als Grundlage für die Auswahl verwendet. Doch natürlich können auch viel kleinere Regionen als Herkunftsorte einheimischer Wildpflanzen definiert werden. Ich möchte jedoch erreichen, dass möglichst viele Menschen die Gelegenheit nutzen, Balkon oder Terrasse in ein Wildblumenparadies und damit in eine Oase artenreicher Vielfalt zu verwandeln. Nur durch ein enges Netzwerk vieler kleiner Blumeninseln kann ein zusammenhängender Lebensraum für Insekten und alle von ihnen abhängigen Arten entstehen. Ja, es stimmt: Jede einzelne Pflanze zählt! Und so verbinden sich kleine wilde Balkon- und Terrassengärten als einzelne Trittsteine zu einem großen Ökosystem. Die Welt kann wieder blühen und summen!

Warum einheimisch?

Ohne unsere grünen Freunde geht gar nichts: Pflanzen und Blumen bilden die Basis des Ökosystems. Sie reinigen die Luft und ernähren die Tiere. Viele spezialisierte Insektenarten sind abhängig von ganz bestimmten Pflanzenarten. Sie benötigen diese als Futterpflanzen für sich selbst oder für ihre Larven. Das Weibchen der Glockenblumen-Scherenbiene beispielsweise akzeptiert lediglich den Pollen von Glockenblumen als Nahrung für den Nachwuchs. Diese Spezialisierung ist das Ergebnis einer jahrtausendewährenden Evolution und hat dazu geführt, dass die in einer Region vorkommenden Pflanzen haargenau zu den dort beheimateten Insekten

Gut zu wissen

Durch Studien wurde belegt, dass sowohl die Gesamtzahl der Insekten als auch die Artenvielfalt in den letzten Jahren deutlich zurückgegangen ist. Doch nicht nur Vögel sind von Insekten abhängig, auch der Mensch ist unmittelbar auf sie angewiesen. Insbesondere Wildbienen wie Hummeln, aber auch die große Gruppe der Fliegen bestäuben unsere Obstbäume und fliegen selbst bei kühleren Temperaturen und Nieselregen. Die Honigbiene ist da wählerischer: Sie bricht erst bei Sonnenschein und 12 Grad zu intensiven Bestäubungsflügen auf.

passen. Will man also unsere Insektenwelt unterstützen, sollte man unbedingt auf einheimische Wildpflanzen zurückgreifen. Von den Insekten als Nahrungsgrundlage sind wiederum Vögel und Kleinsäuger abhängig, die dann größeren Tieren als Beute dienen. Die Pflanzen stehen dementsprechend am Anfang der Nahrungskette.

Nicht zuletzt ist auch der Mensch unmittelbar auf Insekten und damit auf Wildblumen angewiesen. So können viele Obst und Gemüsesorten nur dann Frucht bringen, wenn die Pflanzen durch Insekten bestäubt werden. Wir benötigen die Insekten demnach für unsere Lebensmittelproduktion!

Auf gute Partnerschaft

Die Blüten der einheimischen Wildblumen dienen dem Zweck, Bestäuber anzulocken, sodass die Pflanze Samen bilden und sich vermehren kann. Im Vergleich zu den üblichen Balkon- und Terrassenpflanzen, die über viele Jahre durch den Menschen auf große Blüten oder knallige Farben gezüchtet wurden, erscheinen ihre Blüten oftmals kleiner und unauffälliger, sind in Größe und Form jedoch optimal auf die einheimischen Blütenbesucher abgestimmt.

Während bei Zuchtformen aufgrund der besonderen Optik viel Wert auf gefüllte Blüten gelegt wird, achten Wildblumen eher darauf, dass Pollen und Nektar für die summenden Blütenbesucher gut erreichbar sind und verzichten dementsprechend auf allzu viel schmückendes Beiwerk. Zudem sind gefüllte Blüten meist steril und können keine Samen mehr bilden.

Doch gerade auch die Samenstände sind wichtiger Teil des Wildblumen-Topfgartens! Dem Gärtner dienen sie als Saatgut, hungrigen Schnäbeln als Nahrung. Die Ausbildung von Samen hat jedoch zur Folge, dass es unter den einheimischen Wildblumen eher wenige Dauerblüher gibt. Denn mit der Befruchtung und Samenbildung stirbt die Blüte nach und nach ab. Durch die Kombination von Wildblumen mit unterschiedlichen Blütezeiten können Sie aber trotzdem während der ganzen Saison für Farbe in Ihrem Topfgarten sorgen. Auch Zwiebelblumen (s. S. 32) bieten sich als Lückenfüller an und der vermeintliche Nachteil der etwas kleineren Blüten lässt sich durch das Spiel mit verschiedenen Blattformen locker ausgleichen. Besonders gute Partner hierbei sind Gräser und Farne (s. S. 42).

Gärtnern mit Wildblumen

Mit einheimischen Stauden in Pflanzgefäßen zu gärtnern ist einfach. Darum macht es auch so großen Spaß und führt schnell zu blütenreichen Erfolgen. Die in diesem Buch vorgestellten einheimischen Wildblumen sind an extreme Standorte angepasst und verhalten sich deswegen auf dem Balkon ausgesprochen robust. Sie trotzen den heißen Temperaturen im Sommer und den

Für einheimische Insekten bieten Wildblumen Nektar und Pollen. Das ist bei gefüllten oder exotischen Pflanzen oft nicht der Fall. Hier nutzen Distelfalter und Hummel die Blüten der Gelben Skabiose als Nektarquelle und Pollenspender.

Links: Frühblühende Zwiebelblumen sind eine wunderbare Möglichkeit, die Blühsaison bereits im März zu starten. Außerdem können die kleinen Zwiebelblumen Lücken in den Balkonkästen füllen. Schön harmonieren Schneeglöckchen und Winterlinge.
Rechts: Auch einjährige Wildblumen bieten sich als Lückenfüller an. Sie wachsen schnell und blühen zeitnah in leuchtenden Farben. Hier zum Beispiel die Kornblume, die in einem kräftigen Blau erstrahlt.

Frostgraden im Winter. Und das, obwohl ihnen ein großer Teil der schützenden Erdschicht fehlt. Die Töpfe können also in der kalten Jahreszeit draußen stehen bleiben, das Schleppen der schweren Gefäße in die Räume zur Überwinterung entfällt.
Auch gegossen werden darf sparsam. Die für sonnige Standorte empfohlenen Wildpflanzen sind nicht so durstig wie Geranien oder Petunien. Es lohnt sich also, den Versuch zu wagen und einfach loszugärtnern! Warum nicht einfach mal mit einem Topf anfangen, Sie werden staunen, wie schnell sich Ihr bunter Topfgarten ausweitet ...

Nachhaltigkeit

Das Gärtnern mit Wildblumen ist nicht nur unkompliziert, sondern auch nachhaltig. Bei den in diesem Buch empfohlenen Pflanzen handelt es sich allesamt um Stauden, das heißt, sie sind mehrjährig. Einige ziehen sich im Winter unter die Erde zurück, einige behalten oberirdisch ihre Blätter. Aber alle treiben im nächsten Frühjahr wieder aus. Die meisten bleiben über Jahre in ihren angestammten Töpfen. Da das Nachpflanzen entfällt, brauchen Sie weniger Erde und es müssen weniger Pflanzen produziert, verschickt und verkauft werden. Das spart Geld und wertvolle Ressourcen. Regelmäßige Düngergaben? Fehlanzeige! Die meisten Pflanzen sind extrem genügsam (s. S. 142).

Alles im Wandel

In diesem Buch werden nur mehrjährige Arten vorgestellt (ab S. 28). Weshalb? Weil diese Pflanzen mir einfach am meisten Spaß machen. Einmal gesät oder gepflanzt entwickeln sie sich zu prächtigen Stauden und erfreuen uns über viele Jahre mit ihren Blüten. Im Winter bieten ihre hohlen Stängel Unterschlupf für Insekten und die Samenstände Nahrung für viele Singvögel. Raureif verwandelt den Topfgarten in ein Wintermärchen. Gerade deswegen liebe ich das Gärtnern mit mehrjährigen Wildpflanzen auch so sehr. Sie lassen uns alle Jahreszeiten intensiv miterleben und erinnern uns, egal wo, an den Rhythmus der Natur.
Es ist natürlich auch schön, einjährige einheimische Wildblumen wie Klatschmohn, Kornblume oder Kornrade auf dem Balkon zu haben (s. S. 52). Ich streue einfach immer mal wieder ein kleines Päckchen Saatgut mit einjährigen Arten in die Pflanzkübel. Diese Blumen kommen in einer Saison zur Blüte, verteilen ihre Samen und sterben danach ab. Mit Spannung darf man im kommenden Jahr darauf warten, wo überall die Samen aufgehen! So entwickeln sich im Topfgarten ganz eigene Mini-Biotope, die sich mit den Jahren verändern. Es sprießen immer wieder Pflanzen in Töpfen, mit denen man an dieser Stelle nicht gerechnet hätte, andere verschwinden still und leise.

DER NATUR EIN ZUHAUSE GEBEN

An ihrem natürlichen Standort wachsen die Wildblumen genau dort, wo sie die richtigen Bedingungen vorfinden. Auf dem Balkon behalten wir die zumeist bescheidenen Ansprüche im Auge und kümmern uns um Wasserversorgung, passende Lichtbedingungen und die richtigen Töpfe.

Standortfaktoren

Für jeden Topfgarten, egal ob Gemüse, Blumen oder eben Wildpflanzen in ihm wachsen sollen, gelten besondere Voraussetzungen, die es bei der Planung zu beachten gilt. Die Ausrichtung von Balkon und Terrasse nach den Himmelsrichtungen gibt vor, ob der Standort schattig oder sonnig ist, das Leben in den Töpfen bietet andere Bedingungen als am Naturstandort und die Größe von Balkon oder Terrasse bestimmt darüber, wie viele Pflanzen untergebracht werden können. Zum Glück sind Wildpflanzen im Vergleich zu Zuchtformen wirklich hart im Nehmen. An ihren Naturstandorten trotzen sie teilweise brütender Hitze und überdauern lange Phasen ohne Niederschläge. Es gibt Meister, die extrem kalte Winter überstehen oder nahezu ohne Licht am Boden des Waldes wachsen können. Diese unterschiedlichen Fähigkeiten der Wildpflanzen bringen Vorteile für den Topfgarten, die wir uns zunutze machen.

Für jeden Standort gibt es die passenden Wildblumen. Auf der Sonnenseite fühlen sich Kräuter und wärmeliebende Pflanzen wie Malve und Fetthenne wohl. Im Schatten bieten sich Stauden der Waldsaum-Gesellschaften, Gräser und Farne an.

LICHT

Jede Pflanze braucht Licht. Dank ihres grünen Blattfarbstoffs, dem Chlorophyll, sind sie zur Fotosynthese fähig. Dabei bilden sie aus Wasser und Kohlenstoffdioxid mithilfe von Lichtenergie Traubenzucker und Sauerstoff. Nur so können sie wachsen! Ausnahmen sind die wenigen einheimischen parasitisch lebenden Pflanzen, die selbst keine Fotosynthese betreiben. Das sieht man ihnen auch an, da sie in Ermangelung von Chlorophyll eher blasse Vertreter in der ansonsten grünen Pflanzenwelt darstellen. Für jede grüne Pflanze ist Licht hingegen überlebenswichtig. Es bestehen aber Unterschiede, wie viel Licht eine Pflanze zum Wachsen benötigt. In Anpassung an den jeweiligen Lebensraum haben sich verschiedene Spezialisierungen entwickelt. Interessant dabei: Es gibt nicht nur Pflanzenarten mit mehr oder weniger großem Lichtbedarf, sondern auch Licht- und Schattenblätter an ein und derselben Pflanze. Im Hinblick auf Balkon oder Terrasse bedeutet das:

* Für sonnige Standorte wählen wir Sonnenanbeter, für schattige Plätze Pflanzen, die auch in der Natur mit wenig Licht auskommen.
* Lichtpflanzen gedeihen ausschließlich am sonnigen Standort, Schattenpflanzen können bei ausreichender Wassergabe auch etwas heller stehen.

Die Lichtverhältnisse am jeweiligen Standort sind von dessen Ausrichtung abhängig:
Süden: Sehr sonniges Plätzchen mit mindestens sechs Stunden direkter Sonneneinstrahlung pro Tag. Auch Standorte mit Südost- oder Südwest-Ausrichtung gehören zu dieser Kategorie. Geeignet für die Bepflanzung sind wärmeliebende Arten, die einen hohen Lichtbedarf haben. In freier Natur sind sie Teil der Mager- und Sandrasenvegetation oder der alpinen Vegetation und benötigen als solche wenig Wasser. Beispiele sind Karthäuser-Nelke (s. S. 49) und Alpen-Steinquendel (s. S. 55).
Osten/Westen: Sonniger Standort mit mindestens drei, besser vier Stunden Sonnenlicht pro Tag, geeignet für fast alle Arten. Im Vergleich zur Ausrichtung gen Süden trocknen hier die Töpfe nicht ganz so schnell aus und die Hitze im Sommer ist weniger extrem. Das Spektrum an Pflanzen, die sich hier wohlfühlen, reicht von eher feuchtigkeitsliebenden Arten wie der Roten Lichtnelke (s. S. 51) bis hin zu den bunt blühenden Arten der Mager- und Sandrasen.
Norden: Schattige und halbschattige Standorte mit weniger als drei Stunden Sonnenlicht pro Tag bieten gute Voraussetzungen für Wildpflanzen, die wenig Licht benötigen oder einen erhöhten Wasserbedarf haben. Diese Pflanzen wachsen in der Natur typischerweise in Waldsaum-Gesellschaften oder auf dem Waldboden. Hierzu zählen das Gefleckte Lungenkraut (s. S. 57), die Hohe Schlüsselblume (s. S. 38) sowie verschiedene Farne und Gräser. Zu den halbschattigen Standorten gehören auch Balkone und Terrassen im lichten Schatten, die also zeitweise von nebenstehenden Bäumen beschattet werden.
Fazit: Es gibt tatsächlich für jeden Balkon die passenden Wildstauden.

Wasser ist einer der limitierenden Faktoren für Wildblumen in Töpfen. Sorgen Sie auch in den trockenen Sommermonaten für eine ausreichende Bewässerung. Eine gute Möglichkeit sind Wasserreservoirs, die das Wasser langsam ins Erdreich abgeben.

WASSER

Wie das Licht ist auch das Wasser für jede einzelne Pflanze überlebenswichtig. In der Natur suchen Pflanzen mit ihren Wurzeln im Erdreich nach dem lebensnotwendigen Nass. Dabei werden teilweise riesige Wurzelsysteme ausgebildet. Das ist im Topf natürlich nicht möglich, hier ist der Platz begrenzt. Die Pflanze ist also unbedingt darauf angewiesen, dass wir den Wasservorrat immer wieder durch Gießen auffüllen.
Auch hier sind die Vorlieben von Pflanze zu Pflanze unterschiedlich. Als Faustregel gilt: Schattenpflanzen benötigen mehr Wasser, Lichtpflanzen kommen mit weniger aus.
Zu viel des Guten gilt es jedoch unbedingt zu vermeiden. Auch Pflanzen brauchen Sauerstoff für die Versorgung ihrer Zellen. Während die grünen Anteile der Pflanzen diesen selbst produzieren können, ist die Sauerstoffaufnahme über die Wurzeln direkt vom Angebot in der Umgebung abhängig. Ist der Boden mit Wasser gesättigt (Staunässe), wird der Gastransport gehemmt, der verfügbare Sauerstoffgehalt sinkt ab und die Pflanzen können ihre Zellen nicht mehr optimal versorgen. Es kommt zu Mangelerscheinungen und im schlimmsten Fall stirbt die Pflanze sogar ab.
Zur Vermeidung von Staunässe ist es darum wichtig, in jedem Pflanzgefäß für eine gute Drainage zu sorgen. In kleineren Töpfen reicht dazu eine einzelne Tonscherbe über dem Loch im Topfboden, in größeren Pflanzgefäßen braucht es dann schon eher einen Tonscherbenhaufen. Eine gute Alternative ist auch die Verwendung von Blähton. Durch die Drainageschicht ist gewährleistet, dass überschüssiges Wasser gut aus dem Gefäß abfließen

kann. Wurzeln, die in die Drainageschicht gewachsen sind, finden immer eine ausreichende Belüftung und ein gutes Sauerstoffangebot vor. Trotzdem können durch Wassersättigung die Wurzeln im oberen Bereich des Topfes unter Sauerstoffmangel leiden. Dagegen hilft, die Erde mit Lava oder anderen anorganischen Anteilen aufzulockern und nicht zu viel zu gießen.
In der Natur gibt es das Problem der Staunässe für die Pflanzen übrigens eher selten: Zum einen kann das Wasser durch die porösen Strukturen der natürlich gewachsenen Schichten versickern, zum anderen bilden Pflanzen weitreichende Wurzelsysteme, die sich im Erdreich den optimalen Platz für eine ausgewogene Wasser- und Sauerstoffversorgung suchen können.

Sorgen Sie dafür, dass die Wildblumentöpfe auch bei kräftigen Stürmen einen sicheren Stand haben. Hohe, aufrecht wachsende Pflanzen, wie hier den Natternkopf, können Sie an Stäben oder auch am Balkongeländer fixieren.

TEMPERATUR UND WIND

Die Temperaturbedingungen auf Balkonen können für Pflanzen extrem sein. Denn es fehlt die kühlende oder auch wärmende Erdschicht, die die Pflanzen sonst umgibt. Darum frieren die Töpfe im Winter schneller durch und erhitzen sich im Sommer.
Doch keine Sorge: Die Wildstauden sind an solche Extreme angepasst und überleben die Hitze genauso wie die Kälte. Auch der Wind ist für den wilden Topfgarten kein Problem. Allerdings rate ich dazu, exponiert stehende Töpfe gut zu fixieren, damit sie bei Wind nicht herabstürzen und zur Gefahr für Nachbarn oder Passanten werden. Hohe Arten sollten Sie grundsätzlich etwas geschützt aufstellen oder an einem Gerüst, zum Beispiel der Balkonbrüstung, anlehnen. Sonst kann ein starker Wind die Pflanzen schon mal umwerfen. Außerdem trocknen starke Winde die Töpfe schneller aus. Bei ausgesetzten Standorten, wo regelmäßig eine frische Brise bläst, kann es darum ratsam sein, auf Pflanzgefäße mit Wasserreservoir zurückzugreifen.

Beim Befüllen der Wildblumentöpfe ist es wichtig, dass Sie für eine gute Entwässerung sorgen. Dazu werden Steine, Tonscherben oder mineralisches Substrat als unterste Schicht im Topf ausgebreitet.

In Top(f)form

Über ihre Wurzeln versorgen sich Pflanzen mit Wasser und Nährstoffen. Im Boden ist beides mal mehr, mal weniger enthalten. Dementsprechend entscheidet unter anderem die Bodenart darüber, wie gut die Pflanze wachsen kann. Doch hier sind wir als Topfgärtner eindeutig im Vorteil: Ob locker und sandig oder humusreich – der Topf wird einfach mit dem Substrat gefüllt, das dem künftigen Bewohner am besten gerecht wird. Limitierender Faktor ist eher das Pflanzgefäß, das durch seine Größe das mögliche Wurzelwachstum beschränkt.

MATERIAL

Töpfe, Kübel und Schalen für den Wildblumen-Topfgarten gibt es in unterschiedlichen Materialien. Das wirkt sich sowohl auf die Aspekte der Gestaltung als auch auf die Praxis im Topfgarten aus.

Ton: Von jeher der Klassiker unter den Pflanzgefäßen! Es gibt Tontöpfe in allen Größen und Varianten. Der Nachteil: Die Pflanzgefäße sind richtig schwer. Dafür passen sie zum natürlichen Look des wilden Balkongartens. Glasierte Tontöpfe haben die Eigenschaft, Feuchtigkeit und Nährstoffe gut in ihrem Inneren zu halten. Daher wähle ich sie, wenn nicht so oft bewässert werden kann. Das wichtigste Auswahlkriterium für Tontöpfe, egal ob glasiert oder erdfarben: Sie müssen frostfest sein. Schließlich wird unser wilder Topfgarten für alle Jahreszeiten angelegt, die Wildpflanzen sollen den Winter über draußen bleiben. Sehr hübsch für den Balkongarten sind zudem alte Steingutgefäße, die den Winter ebenfalls gut überstehen. Allerdings ist es wichtig, ein Loch in den Boden zu bohren, damit überschüssiges Wasser abfließen kann. Ich habe aber auch schon oft in diesem Sinne umfunktionierte Steinguttöpfe beim Trödler gefunden.

Tongefäße versprühen einen natürlichen Charme, egal ob Sie sich für glasierten oder naturbelassenen Ton entscheiden. Achten Sie darauf, dass die Pflanzgefäße frostfest sind, sodass sie auch den Winter auf Balkon oder Terrasse überstehen können.

Kunststoff: Töpfe und Kübel aus Kunststoff gibt es heutzutage in allen Formen und Farben. Der Vorteil liegt auf der Hand: Die Gefäße sind leicht und halten frostigen Temperaturen stand. Durch die Luftundurchlässigkeit des Materials halten Kunststofftöpfe die Feuchtigkeit und sind somit gut für trockene Standorte geeignet. Ist dann noch ein Wasserreservoir integriert, ersparen Sie sich eine Menge Gießarbeit. Nachteilig ist die relativ kurze Haltbarkeit. Jeder Kunststoff wird nach einiger Zeit spröde. Es lohnt sich, hier auf gute Qualität zu setzen. Dann währt die Freude am Kunststoff-Balkonkasten einige Jahre und es fällt weniger Plastikmüll an.

Faserzement: Leichter als Ton und haltbarer als Kunststoff – Pflanzgefäße aus Faserzement haben meist ein modernes Design und ähneln in den Eigenschaften den unglasierten Tongefäßen. Sie sind grundsätzlich frostfest und haben durch die lange Haltbarkeit einen ökologischen Pluspunkt gegenüber Kunststoff-Balkonkästen.

Holz: Ein gutes Material für Wildblumen-Pflanzgefäße, das jedoch meist für größere Kübel verwendet wird. Es lohnt jedoch durchaus, nach kleineren Gefäßen Ausschau zu halten oder gegebenenfalls selbst welche zu basteln. Verwenden Sie dazu möglichst haltbare Hölzer: Eiche oder Robinie sind eine gute Wahl. Blumenkästen aus diesen Holzarten können ohne Imprägnierung mehr als ein Jahrzehnt überdauern! Im Inneren mit Plastikfolie ausgeschlagen erhöht sich die Haltbarkeit um ein Weiteres, allerdings reduziert sich der Faktor Nach-

haltigkeit: Schlichte Holzkästen können einfach wieder zurück in den Kreislauf der Natur und es fällt keinerlei Plastikmüll an. Das Holz sollte vorzugsweise aus nachhaltiger Waldwirtschaft stammen.

Metall: Pflanzgefäße aus Metall machen sich ebenfalls gut im Wildblumengarten auf Balkon und Terrasse. Sie sind stabil und insbesondere größere Kübel bringen nicht zu viel Gewicht auf die Waage. Wichtig sind auch hier Wasserabzugslöcher im Boden. Doch Vorsicht: In kleinen Pflanzgefäßen aus Metall heizt sich die Erde bei intensiver Sonneneinstrahlung stark auf. Sie sind deshalb eher für den Schatten oder wärmeliebende, trockenheitsresistente Arten geeignet.

Upcycling: Lassen Sie Ihrer Fantasie freien Lauf! Ob alte Emaille-Schüsseln, Gießkannen, Eimer, Körbe oder sogar Schuhe: Alle ausgedienten Gegenstände, die frostfest sind, können optisch für Auflockerung im Wildblumen-Topfgarten sorgen. Sollen alte Körbe wasserdicht gemacht werden, können sie mit Plastikfolie ausgekleidet werden. Ein prima Verwendungszweck für leere Erdsäcke! Und wer auch die Wände in sein Wildblumenparadies einbinden möchte, kann mit aufgeschnittenen und an Schnüren aufgehängten Plastikflaschen oder einem Stück Regenrinne hängende Beete gestalten. Werden Sie kreativ!

Links: Wannen und Kästen aus Metall sehen gut aus und bieten viele Vorteile. Sie sind leichter als die schweren Tontöpfe und lange haltbar. Wenn Sie ausgediente Zinkwannen verwenden, achten Sie auf einen Wasserablauf im Boden.
Rechts: Pflanzgefäße in Kastenform gibt es auch aus Holz. Das Material passt gut zu dem natürlichen Wildblumenlook und ist nachhaltig.

GRÖSSE

Prinzipiell ist jede Größe von Töpfen und Schalen für den wilden Balkon oder die Wildblumen-Terrasse geeignet. Es braucht nur die passende Pflanze, dann kann selbst in einem sehr kleinen Gefäß ein Dauerbewohner wachsen und blühen.
Eine Mini-Blumenwiese benötigt dagegen schon etwas Platz. Hier eignen sich Wannen oder Gefäße mit einem Volumen ab etwa 70 Liter. Dem entspricht beispielsweise eine der klassischen Zinkwannen, die man immer mal wieder gebraucht findet. Je größer die Gefäße, desto prächtiger können sich große Pflanzen darin entwickeln. Für Bodenkriecher, überhängende Pflanzen oder zurückhaltende, konkurrenzschwache Arten ist oft ein kleinerer Topf ausreichend.

Eine weitere gute Option sind Etagentöpfe. Hier kann in jede Pflanztasche ein zarteres Pflänzchen gesetzt werden. Diese gehen in Gemeinschaftstöpfen oft unter.

Wohin damit?

Bei der Planung des Topfgartens ist die vorhandene Fläche ausschlaggebend. Vielleicht finden auf einer Treppe einige kleine Töpfe ihren Platz? Ein etwas größerer Balkon bietet durchaus Raum für ein großes Pflanzgefäß und mehrere Balkonkästen.
In einem Innenhof oder auf einer großen Terrasse können womöglich sogar mehrere große Pflanzgefäße untergebracht werden, sodass in der Gesamtheit eine richtige Wildblumenwiese entsteht!
Aufstrebende Gärtner arbeiten mit Pflanzentreppen, umfunktionierten Trittleitern, Pflanztaschen oder Etagentöpfen in die Vertikale. Auch ein Regal mit Töpfen nutzt den wertvollen Platz auf dem Balkon optimal aus. Bei Hängevorrichtungen bitte darauf achten, dass zwischen Trägerwerk und Bepflanzung ein durchlüfteter Raum verbleibt. Bei unzureichender Luftzirkulation besteht sonst die Gefahr der Schimmelbildung. Darum Abstandshalter wie Holzlatten oder Beilagklötze zwischen der Wand und der Pflanzenaufhängung anbringen.

Alles am richtigen Platz

Soll eine Mauer oder ein größerer Stellplatz aufgewertet werden, braucht es einen stattlichen Topf. Zu kleine Pflanzgefäße gehen hier optisch verloren. Idealerweise findet der große Topf mit einer Auswahl von kleineren Gefäßen die passende Begleitung. Werden diese um das große Pflanzgefäß platziert, nehmen sie ihm sein wuchtiges Auftreten. Das Gesamtbild wirkt lebendig und abgerundet. Mir persönlich gefällt die Kombination aus mehreren Töpfen immer besser als Arrangements aus einzeln stehenden Töpfen. Selbst bei wenig Platz stelle ich drei kleine Töpfe nebeneinander auf anstatt eines größeren Gefäßes.
Zur Begrünung von Balkongeländer oder -brüstung werden zumeist Blumenkästen verwendet. Alternativ können auch kleinere Töpfe dort einen Platz finden, solange sie gut befestigt sind und selbst bei starkem Wind nicht herunterfallen können. Für diesen Standort kommen vor allem kleine bis mittlere Balkonpflanzen infrage. Höher wachsende Wildblumen sind Wannen und größeren Töpfen vorbehalten, die dann auch gut auf dem Boden stehen können.
Wer die Möglichkeit hat, sollte auch mit runden Pflanzgefäßen arbeiten. Das ist zwar weniger platzsparend, doch die runde Form schafft sofort ein verspieltes Bild. Die Kombination von Töpfen in verschiedenen Formen und Größen finde ich in Verbindung mit den einheimischen Wildpflanzen am schönsten. So entsteht ein natürliches Bild, welches dem wildromantischen Charakter des Wildblumen-Topfgartens entspricht.

Gestaltungstipp

Auch wenn die Pflanzgefäße mit ihren Bewohnern und Besuchern ein wunderschönes Bild abgeben, so kann es doch Spaß machen, den Topfgarten durch zusätzliche Deko-Elemente aufzuwerten. Infrage kommen hierfür alle Objekte aus natürlichen Materialien. Sehr gut in das Wildblumenparadies passen Tonfiguren, die in den Pflanzgefäßen stehen oder von Stäben getragen sind. Auch manche Insekten- oder Vogeltränken sind richtige Hingucker. Nicht zuletzt finden hier auch alle Fundstücke aus dem Strandurlaub oder vom Waldspaziergang eine passende Verwendung: Ein knorriger Stock, ein bunter Stein oder eine schön geschwungene Muschel können in den Töpfen das ganze Jahr über zum Blickfang werden und an schöne Erlebnisse erinnern.

Manch leidenschaftlich gepflegter Wildpflanzenbalkon muss einiges an Gewicht tragen. Lassen Sie den Topfgarten auch in die Vertikale wachsen und nutzen Sie jeden Quadratmeter Raum, aber verlieren Sie nie die Tragfähigkeit aus den Augen.

Mit Maß und Ziel

Die Auswahl an Wildpflanzen ist verführerisch groß. Haben einen die wilden Schönheiten erst einmal in ihren Bann gezogen, ist man versucht, ihnen auch das letzte freie Fleckchen vorbehaltslos zu überlassen.
Doch zumindest bei der Begrünung von Balkonen, Flachdächern und erhöhten Terrassen sollte man sich auch Gedanken zu deren Statik machen. Denn Topfgärten können richtig schwer werden. Da sind die Pflanzgefäße zu berücksichtigen, das Substrat, das im Erdreich gespeicherte Wasser und nicht zuletzt die Pflanzen selbst. So kommt schnell einiges an Gewicht zusammen.
Bei neueren Gebäuden sind Angaben zur Tragfähigkeit der baulichen Strukturen in den Bauplänen zu finden oder können beim Vermieter erfragt werden. In Abhängigkeit vom verwendeten Baumaterial müssen moderne Balkone nach gesetzlichen Vorgaben etwa 300 bis 400 Kilogramm pro Quadratmeter standhalten. Bei Flachdächern kann die eingerechnete Traglast sehr unterschiedlich ausfallen.
Das Gewicht der Erde im Topf hängt von ihrer Zusammensetzung ab. Sand hat beispielsweise eine höhere Dichte als Substrat mit Kokosfasern. Daher bringt mit Sand versetzte Erde ein höheres Gewicht bei gleichem Volumen auf die Waage. Die im Handel übliche Standard-Blumenerde hat in etwa eine Dichte von 500 Kilogramm pro Kubikmeter, ein Liter Erde wiegt also ungefähr ein halbes Kilogramm, die Befüllung eines 70-Liter-Pflanzgefäßes dementsprechend 35 Kilogramm. Hinzu kommt das Wasser, das die Erde in gesättigtem Zustand aufnehmen kann. Und trotzdem: Das Gärtnern mit handelsüblichen Töpfen ist auf jedem Balkon möglich. Wenn Sie jedoch mehrere große Wannen und Pflanzgefäße verwenden möchten, ist es ratsam, die Traglast des Balkons zu erfragen.

WILDBLUMENPARADIESE – EINFACH SCHÖN GESTALTEN

Die Zahl der Wildblumen, die auch in Töpfen wachsen, ist groß. Da ist für jeden Geschmack etwas dabei! Die Auswahl erfolgt nach Ihren persönlichen Vorstellungen und Vorlieben, je nachdem, welchen Akzent Sie mit Ihrem Topfgarten setzen möchten. Damit der kleine Wildblumengarten in jeder Hinsicht gut funktioniert, wird die Bepflanzung sorgfältig geplant.

Was kommt in die Töpfe?

Balkon oder Terrasse sind in entsprechende Nutzungsbereiche eingeteilt, die Standortfaktoren gecheckt und die Pflanzgefäße stehen bereit? Dann fehlen nur noch die wilden Bewohner! Folgen Sie bei der Auswahl ganz und gar Ihren Ideen zu Ihrem persönlichen Wildblumenparadies. Soll Ihr Balkon besonders viele Schmetterlinge anlocken (s. S. 112)? Oder doch lieber all die summenden und brummenden Insekten (s. S. 116)? Vielleicht legen Sie in Ihrer Oase ja besonderen Wert auf üppige bunte Blüten (s. S. 108) oder einen feinen Duft (s. S. 124)? Diese unterschiedlichen Schwerpunkte und noch viel mehr können Sie mit der Auswahl der richtigen Pflanzen setzen. In jedem Fall ist es wichtig, vorher gut zu planen, sodass dann auch der gewünschte Effekt auf Balkon oder Terrasse eintritt. Als Anregung können die Pflanzvorschläge ab Seite 68 dienen, oder Sie stellen Ihre persönlichen Wunschkandidaten mithilfe der Pflanzenporträts ab S. 28 zusammen. Je weniger Töpfe zur Verfügung

Wenn Sie sich entschieden haben, wie Sie Ihren Wildblumenbalkon gestalten möchten, können Sie die passenden Pflanzen aussuchen. Je nach vorhandenen Gefäßen und Pflanzenart kommen die Wildblumen einzeln oder gemeinsam in die Töpfe.

stehen, umso eher sollten Sie sich auf einen bestimmten Aspekt bei der Bepflanzung festlegen, sei es Farbgebung oder Verwendungszweck. Bei großzügigem Platzangebot können Sie auf wildere, buntere Mischungen (s. S. 102) oder Kombinationen mit Gräsern und Farnen zurückgreifen. Vielleicht bieten Sie dann ja sogar eher untypischen Topfbewohnern wie der Brennnessel Unterkunft, die aber doch so unglaublich beliebt bei vielen Insekten und Faltern ist!

Blütezeit

Bei der Pflanzenauswahl gilt es zu berücksichtigen, dass viele der einheimischen Arten nur kurz blühen. Denn sobald die Blüten bestäubt sind, verwelken sie und bilden Samen. Das ist zum Beispiel auffällig bei Berglauch (s. S. 44) oder der Frühlings-Platterbse (s. S. 45). Trotz kurzer Blütezeit haben diese Arten dennoch ihre besonderen Vorzüge, weil sie wie in den genannten Beispielen besonders spät oder früh im Jahr blühen. Andere Pflanzen wie die Färber-Hundskamille (s. S. 34) oder das Weidenblättrige Ochsenauge (s. S. 40) machen den klassischen Balkon-Dauerblühern durchaus Konkurrenz, denn sie schieben einfach unaufhörlich neue Blüten nach. Mit einer durchdachten Komposition der verschiedenen Arten ist also auch auf dem Wildblumenbalkon immer Farbe in den Töpfen! Außerdem lohnt es sich, im Wildblumenparadies ein bisschen genauer hinzusehen, denn dann offenbart sich die Schönheit jeder einzelnen Blüte, und sei sie noch so klein oder kurzlebig.

Aspekte der Gestaltung

Die einzelnen Töpfe lassen sich auf verschiedene Arten gestalten. Sie können gemischte Töpfe anlegen, in denen unterschiedliche Arten nebeneinander wachsen, oder die Töpfe nur mit einer Art bepflanzen, die dann einen Solo-Auftritt hat. Beide Arten der Bepflanzung haben ihren Reiz.

EINZELPFLANZUNG

Bei kleinen Töpfen oder Pflanztaschen kommt meistens nur die Einzelpflanzung infrage. Es kann aber auch sehr schön sein, selbst größere Töpfe mit nur einer Art zu bepflanzen. Das bietet sich insbesondere in größeren Topfgärten an. Hier kann der Uni-Topf Ruhe in das Gesamtbild bringen oder nach der Devise »Nicht kleckern, sondern klotzen!« durch seine Masse prächtig wirken. Ist die Blütezeit vorüber, sorgen die übrigen Töpfe für Ausgleich.

MISCHPFLANZUNGEN

Partnerwahl: Bei Mischpflanzungen ist darauf zu achten, dass die Blumen sich untereinander gut verstehen. Eine konkurrenzschwache Art wird von einer starken Art, die womöglich noch Ausläufer bildet, in kürzester Zeit aus dem Topf verdrängt. Aufschluss über geeignete Pflanzpartner geben die Pflanzenportraits ab S. 28 und die Pflanztabellen in Kapitel 3.

Spannung erzeugen: Gemischte Pflanzungen ermöglichen ein Spiel mit Blattformen und unterschiedlichen Blütenfarben. In letzterem Fall kann entweder auf Kontrast oder Harmonie gesetzt werden. Schöne

Kontrastfarben sind Lila oder Pink mit Gelb. In größeren Gefäßen sind Kombinationen mit Gräsern oder Farnen möglich. Dabei entstehen besonders natürlich anmutende Kompositionen, die an einen Waldspaziergang oder den Sommer auf einer Blumenwiese denken lassen.

Gestaffelter Auftritt: In größeren Töpfen mit gemischter Pflanzung werden die höheren Pflanzen in die Mitte gepflanzt, umrahmt von den niedrigeren Partnern. Für den Standort vor einer Wand oder Mauer empfiehlt es sich hingegen, die Pflanzen aufsteigend von der niedrigsten ganz vorn bis zur höchsten hinten anzuordnen.

Abwechslung durch Vielfalt: Kugelige Blütenstände in Kombination mit Dolden oder Kerzen schaffen ein abwechslungsreiches Bild und die subtile Schönheit der Wildblumen kommt besonders gut zur Geltung. Genauso können aufrecht wachsende Pflanzen, die für sich eher steif wirken, mit einer locker wachsenden Partnerin optimal in Szene gesetzt werden.

Locker bleiben

Hört sich kompliziert an? Ist es aber nicht! Schließlich darf sich jede Pflanzung mit den Jahren weiterentwickeln und es macht immer wieder Spaß, verschiedene Kombinationen auszuprobieren. Außerdem: Wir als Topfgärtner haben es doch ohnehin ganz einfach! Wenn eine Pflanzung noch nicht ganz stimmig ist, kann Fehlendes mit zusätzlichen Töpfen ausgeglichen werden. Oder es werden einfach nur ein paar Töpfe verschoben und plötzlich sieht alles wunderbar rund aus!

Seien Sie zudem nicht zu streng. Warum nicht auch Kombinationen mit exotischen Wildblumen zulassen. Ob Cosmea, Prachtwinde oder auch mehrjährige Arten wie das Patagonische Eisenkraut und die Prachtkerzen – solange Sie genügend einheimische Arten anbieten, können auch diese Exoten unseren Balkon mit ihren besonderen Formen und Blüten bereichern. Wählen Sie auch hier die ungefüllten Wildformen, dann wird bestimmt die eine oder andere Wildbiene mit geringer Spezialisierung von Nektar oder Pollen naschen!

Der Natur vertrauen

Die obigen Tipps zu Planung und Gestaltung des wilden Topfgartens vereinfachen den Einstieg in das Gärtnern mit wilden Schönheiten. Trotzdem wird in einem gut funktionierenden und gesunden Wildblumenparadies nicht alles planbar sein. Der Name ist hier Programm. Wildpflanzen sind nicht auf bestimmte Merkmale oder Eigenschaften gezüchtet, sie werden sich also immer unterschiedlich verhalten und ein Stück weit machen, was sie wollen. Dementsprechend wird es auch ohne Ihr Zutun Veränderungen im Topfgarten geben. Arten ziehen ein oder verschwinden. Eine wunderbare Gelegenheit, loszulassen und den Dingen im Vertrauen auf die Natur ihren Lauf zu lassen. Sie werden staunen, wie viel Spaß damit verbunden ist, einfach nur zu beobachten, ohne viel einzugreifen!

Falls Sie Nachbarn haben sollten, die die Geschehnisse auf Ihrem Balkon vielleicht etwas argwöhnisch verfolgen und Ihr Wildblumenparadies als unordentlich empfinden, so kann ich nur empfehlen, mit den Menschen zu reden. Erklären Sie, warum einheimische Wildpflanzen so wichtig für die Artenvielfalt sind und warum ihre kleinen Blüten so wichtig für die Bestäuber sind. Ich habe schon so oft nach einem Gespräch das gewünschte Verständnis erhalten. Vom Insektensterben hat inzwischen jeder gehört, davon, dass wir insektenfreundlich gärtnern sollen, auch. Manchmal ist es eben nur nötig zu erklären, was insektenfreundlich ist!

Bild rechts: Lassen Sie sich von Ihrem kleinen Wildblumengarten verzaubern. Er wird Sie überraschen, beglücken und Ihnen eine stärkere Verbindung zur Natur und den Jahreszeiten schenken. Auch wenn nicht alles nach Plan läuft, wird es ein buntes Paradies.

DIE BESTEN TOP(F)-MODELS

Unter den Tausenden von einheimischen Wildblumen habe ich pflegeleichte und blütenreiche Arten herausgesucht, die gerne in Töpfen wachsen. Doch welche davon sind die passenden Schönheiten für Ihr Wildblumenparadies? Wählen Sie selbst!

FÜR JEDEN IST EIN KRAUT GEWACHSEN – EINHEIMISCHE WILDBLUMEN

Die Vielfalt der Wildblumen ist groß. Allerdings ist es manchmal gar nicht so einfach, die gewünschten Arten als Pflanzen oder Saatgut im Handel zu finden. Es gibt aber noch weitere Möglichkeiten! Stöbern Sie doch einfach mal in regionalen Gärtnereien, versuchen Sie es im Internet, tauschen Sie mit Ihren Nachbarn oder sammeln Sie Saatgut in der freien Natur!

Pflegeleicht sollen sie sein, blühfreudig und gerne auch in Töpfen wachsen. Selbst unter diesen Kriterien ist die Auswahl an Pflanzen groß, die für Ihr Wildblumenparadies infrage kommen. Nun ist es an der Zeit, die einzelnen Schönheiten genauer kennenzulernen. Höchstwahrscheinlich wird Ihnen die eine oder andere Blüte direkt ins Auge fallen, wohingegen Sie andere weniger ansprechend finden. Gut so! Verlassen Sie sich beim Stöbern in den Pflanzenporträts auf Ihr Gefühl und wählen Sie die Wildpflanzen aus, die am besten zu Ihnen und Ihrem individuellen Topfgarten passen.

Woher nehmen?

Die insektenfreundliche Bepflanzung des eigenen Gartens mit einheimischen Wildpflanzen liegt im Trend! Darum gibt es immer mehr **Gärtnereien**, die Wildpflanzen im Sortiment führen oder sich sogar darauf spezialisiert haben und dementsprechend eine breite Auswahl an Arten anbieten. Der Kauf im Pflanzenfachhandel vor

In gut sortierten Gärtnereien in Ihrer Nähe werden Sie einige einheimische Wildblumen finden. Sollen es seltene oder spezielle Pflanzen sein, können Sie in Fachgärtnereien für Wildpflanzen einkaufen, die meistens einen Onlineshop haben.

Ort schont durch kurze Transportwege die Umwelt und ist, falls möglich, zu bevorzugen. Wer nicht das Glück hat, in der Nähe einer solchen Gärtnerei zu wohnen, kann die Pflanzen inzwischen auch im Onlineshop bestellen. Es gibt diverse Anbieter.
Saatgut von einheimischen Wildpflanzen finden Sie fast ausschließlich im spezialisierten **Saatguthandel**. Neben einzelnen Arten werden schöne Saatgutmischungen angeboten, sodass Sie für ein paar Euro viele unterschiedliche Arten säen können. Auch einige Anbieter von ökologischem Saatgut haben einheimische Arten in ihrem Programm. Geeignete Bezugsquellen finden Sie am Ende des Buches (s. S. 153).
Für verbreitete Arten können die Samen in der **Natur** gesammelt werden. Hier gilt es jedoch Folgendes zu beachten:

* Das Sammeln in Naturschutzgebieten ist selbstverständlich tabu.
* Geschützte Pflanzen dürfen niemals besammelt werden. Welche Pflanzen geschützt sind, können Sie der Roten Liste Ihres Bundeslandes entnehmen. Die Listen sind im Internet zugänglich oder können meist gegen eine kleine Gebühr bei der zuständigen Naturschutzbehörde bezogen werden. Bitte bringen Sie sich jedes Jahr vor dem Sammeln auf den neuesten Stand, da der Gefährdungsstatus der Pflanzen regelmäßig angepasst wird.
* Keine Pflanzen mit Wurzeln entnehmen.
* Niemals einen ganzen Bestand abernten.

Ein Vorteil von Wildpflanzen ist, dass sie alle samenfest sind. Damit entsteht aus den ausgebildeten Samen eine Pflanze mit den gleichen Eigenschaften (Blütenfarbe, -form etc.), wie sie die Mutterpflanze aufweist. Alle Pflanzen, die wir oder befreundete Wildblumengärtner bereits in unseren Gärten haben, bilden Samen aus. Dieses Saatgut kann gesammelt und für die **eigene Anzucht** von Wildblumen verwendet werden. Die meisten Pflanzen lassen sich so willig nachzüchten, dass immer auch einige Exemplare übrig bleiben, die Sie an Interessierte abgeben können. Und schon wächst auf dem Nachbarbalkon die nächste insektenfreundliche Wildstaude!

Wilde Schönheiten

Die nachfolgend vorgestellten Arten haben es durch ihre tolle Form, ihre besondere Farbe, ihre außergewöhnlichen Blätter oder durch ihre auffallend große oder dauerhafte Blüte in die Auswahl der Besten geschafft. Es handelt sich ausnahmslos um Stauden, sie sind somit mehrjährig. Manche ziehen sich im Winter ganz unter die Erde zurück, von anderen bleibt das Laub oder der Spross sichtbar. So oder so – im kommenden Frühjahr treiben sie alle zur Freude des Gärtners neu aus! Die in den Porträts angegebenen Größen der Pflanzen entsprechen deren Durchschnittsgröße in Pflanzgefäßen. Am natürlichen Standort können einige Arten deutlich kleiner oder größer ausfallen. Unsere Top(f)models haben keine besonderen Ansprüche an das Substrat und sind am richtigen Standort alle pflegeleicht. Wer Lust hat, kann neben dieser Auswahl an topfgeeigneten Pflanze aber noch viel mehr Arten entdecken und in Töpfen erproben!

Große Sterndolde

Astrantia major

Blütenfarbe: weiß bis blassrosa
Blütezeit: Juni bis August

Die Große Sterndolde ist eine besondere Schönheit unter den Wildpflanzen, die für schattige Balkone infrage kommen. Sie bildet an langen, aufrechten Stängeln eine Vielzahl von sternförmigen Blüten. Das wunderschöne Farbspiel der Blüten entsteht durch die unterschiedlich gefärbten Hochblätter, deren Farbnuancen von Grünlichweiß über Reinweiß bis hin zu Rosa reichen. Die Leichtigkeit der Blütenstände und die Bewegung im Wind zaubern einen wahren Sternenhimmel in den Topfgarten mit nur wenig Sonnenstunden. Für eine reiche Blüte benötigt die grazile Schönheit ausreichend Feuchtigkeit. Die Sterndolde ist auch eine attraktive Nahrungspflanze für Insekten und wird gerne von Bienen und Hummeln besucht. Geschickt kombiniert ist die Sterndolde im größeren Kübel mit Gräsern oder niedrigen Begleitstauden, über denen sie ihre Blüten schweben lassen kann. Sie eignet sich sehr gut als Schnittblume und kann auch für Trockensträuße verwendet werden. Wird die Staude zur Blütezeit oder direkt danach zurückgeschnitten, kommt es mit etwas Glück zu einer zweiten Blüte im September.

Große Sternmiere

Stellaria holostea

Blütenfarbe: weiß
Blütezeit: April bis Juni

Eine Wildstaude für den schattigen oder halbschattigen Standort, die mit einem besonderen Wuchs überzeugt: Die Große Sternmiere bildet luftig wirkende Polster, die auch gerne in einen hängenden Wuchs übergehen und dabei eine schöne Leichtigkeit verbreiten. Über den Blattpolstern zeigt sich bereits im April eine Vielzahl von weißen Blüten, die wie Sterne im Nachthimmel leuchten. Dieser Effekt wird durch die dunkelgrüne Farbe der Blätter verstärkt. Leider ist die Blütezeit nur von kurzer Dauer, ab Juni müssen dann andere Pflanzen das Blühen übernehmen. Dafür kommen zum Beispiel der Wirbeldost (s. S. 46) oder die Nessel-Glockenblume (s. S. 58) als Pflanzpartner infrage. Eine schöne Kombination ergibt sich auch durch den Kontrast mit großblättrigen Schattenpflanzen wie dem Gefleckten Lungenkraut (s. S. 57). Die Große Sternmiere ist eine wichtige Nektar- und Pollenquelle für Wildbienen und Schmetterlinge. Sie ist wie ihre unauffällige Verwandte, die Vogelmiere, essbar und verfeinert mit ihrem milden Geschmack Salate und Kräutermischungen. Und von den leckeren Blättern wird es reichlich zu ernten geben! Denn die immergrüne Staude wächst den Winter hindurch weiter und bildet bis in den Frühling üppige Blattpolster aus.

Kleines Mädesüß

Filipendula vulgaris

Blütenfarbe: cremeweiß
Blütezeit: Juni bis Juli

Eine bezaubernde Staude, die eine besonders hohe Trockenheitstoleranz aufweist. Die hübschen gefiederten Laubblätter sind in einem rosettenartigen Wuchs angeordnet und bilden die Basis für die darüber schwebenden Blütenwolken. Die weißen, traubenförmigen Blütenstände verströmen einen leichten Duft und sind sehr gut für den Schnitt geeignet. Die gelblichweißen Blütenstängel verleihen jedem Sommerstrauß eine luftige Note. Die summenden Besucher versorgt das Kleine Mädesüß von Juni bis Juli mit Pollen. Diese Wildstaude benötigt etwas mehr Platz für ihre verdickten Wurzeln und sollte einen Topf von mindestens 25 cm Durchmesser erhalten. Sie kann aber auch sehr gut mit anderen Pflanzen zusammen einen Topf besiedeln. Das kleine Mädesüß ist durch seine Form und Farbe ausgezeichnet geeignet, um jede farbliche Topfkreation abzurunden. So entsteht mit unterschiedlichen Nelken ein Traum in Weiß und Rosa, in Kombination mit der Goldhaar-Aster (s. S. 38) und dem Ochsenauge (s. S. 40) erhält der Topf eine frische, sommerliche Ausstrahlung in Gelb-Weiß.

Polster-Schleierkraut

Gypsophila repens

Blütenfarbe: weiß oder rosa
Blütezeit: Mai bis August

Diese niedrig wachsende Polsterpflanze der Gebirge sollte in keinem sonnigen Topfgarten fehlen. Denn sie bildet Kissen von schönem, dichtem Wuchs, die uns mit einer Unmenge von kleinen weißen Blüten den Sommer hindurch entzücken. Das Polster-Schleierkraut kann ausgesprochen gut in einen kleinen Topf gepflanzt werden oder Lücken in größeren Gefäßen füllen. Zusammen mit Gräsern setzt es sich selbst in Szene, höhere Arten wie Wiesen-Salbei (s. S. 62) oder Glockenblumen (s. S. 58, 59) umrahmt es als bescheidene Begleitstaude. Auch um die Farbkombination muss sich der Topfgärtner beim Polster-Schleierkraut keinerlei Gedanken machen: Durch die weißen Blüten und die graugrünen Blätter passt die Wildstaude zu Pflanzen in beliebigen Farbtönen. Überraschungen sind aber nicht ausgeschlossen: Unter den aus Samen gezogenen Pflanzen finden sich auch immer wieder rosa blühende Exemplare. Das Polster-Schleierkraut ist robust, möchte aber wie am Naturstandort gerne einen kühlen Fuß bewahren und sich die Sonne auf den Kopf scheinen lassen. Am besten wird es in einen Keramiktopf gepflanzt, darin bleibt die Erde etwas länger kühl als in Kunststoffgefäßen.

Taubenkropf-Leimkraut

Silene vulgaris

Blütenfarbe: weiß
Blütezeit: Mai bis September

Eine sehr trockenheitsverträgliche Staude, die ganz besondere Blüten über eine lange Zeit hinweg bildet. Die Blüten selbst sind zwar eher unauffällig, ihr Kelch ist allerdings dick aufgeplustert, grünweiß bis rosa gefärbt und von auffallenden Adern durchzogen. Ein wirklich toller Anblick! Die Staude strahlt eine große Leichtigkeit aus und präsentiert sich von Mai bis September als grünliche weiß-rosa Wolke. Schmetterlinge und langrüsselige Bienen sind die Bestäuber, da sie mit ihren langen Rüsseln den Nektar in den tiefen Kelchballons erreichen. Besonders gerne mag die Pflanze anscheinend Nachtfalter, denn erst bei Dunkelheit verströmt sie einen feinen Duft zur Anlockung der Insekten. Diese tolle Wildstaude steht gerne in der Sonne, verträgt aber auch lichten Schatten. Sie kann in kleineren Töpfen wachsen, dann wird ihr Wuchs jedoch nicht ganz so üppig ausfallen. Auch die graugrünen Blätter des Taubenkropf-Leimkrauts sind schön anzusehen und unterstreichen die Wirkung der pastellfarbenen Blüten. Die Pflanze passt mit ihrer zurückhaltenden Färbung und Gestalt zu allen anderen Stauden. Ihre Nachbarn sollten aber nicht zu zart sein, sonst kann das Taubenkropf-Leimkraut sie mit seinem starken Wuchs verdrängen.

Waldmeister

Galium odoratum

Blütenfarbe: weiß
Blütezeit: April bis Mai

Der Waldmeister lässt sich gerne auf dem halbschattigen oder schattigen Balkon kultivieren und erfreut dann im Mai mit seinen zarten weißen Blütenständen. Aber auch die quirlförmig angeordneten Blätter sind ein schöner Schmuck im Balkonkasten. Trotz der kurzen Blütezeit dieses Waldbewohners lohnt sich ein Anbau im Topfgarten. Dann können im Mai die Blätter gesammelt und zum Würzen der Maibowle oder von Speisen verwendet werden. Die duftende Note entsteht vor allem durch das enthaltene Cumarin, das inzwischen allerdings auch den Ruf hat, gesundheitsschädlich zu sein. Darum Waldmeister besser nur in Maßen genießen. Falls er Verwendung finden soll, wird er gesammelt, bevor die Blüten aufgehen, und dann für ein bis zwei Tage angetrocknet. Erst durch den Trocknungsprozess entwickelt sich das typische Waldmeisteraroma. Wer lieber auf einen Verzehr dieser Staude verzichten möchte, kann sich auch ein Trockensträußchen in die Küche hängen und einfach nur den Duft genießen. Die Große Sternmiere (s. S. 28) wie auch das Gefleckte Lungenkraut (s. S. 57) fühlen sich zusammen mit dem Waldmeister in einem etwas größer bemessenen Topf wohl, sofern das Substrat ausreichend feucht gehalten wird.

Weiße Taubnessel

Lamium album

Blütenfarbe: weiß
Blütezeit: März bis April

Eine wüchsige Staude für halbschattige und schattige Topfgärten. Wenn der Boden frisch gehalten wird, kann die Weiße Taubnessel aber auch in der Sonne wachsen. Sie fühlt sich in jeder Topfgröße wohl und ist nicht wuchernd, sodass sie den Platz auch gerne mit anderen Pflanzen teilt. Die Hauptblütezeit dieser Bodendeckerstaude ist früh im Jahr, weswegen sie eine wertvolle Insektenpflanze ist. Ihre pollen- und nektarreichen Lippenblüten werden gerne von Wild- und Honigbienen besucht. Insbesondere die Frühlings-Pelzbiene saust bereits im April von Kelch zu Kelch. Doch auch später im Jahr blüht die Weiße Taubnessel immer wieder, eine Blüte bis in den September hinein kann durch einen Rückschnitt im Juni angeregt werden. Auch für den Menschen hat die Taubnessel einiges zu bieten: Die süß schmeckenden Blüten werden gerne als essbare Dekoration von Desserts oder zusammen mit den Blättern in Salaten verwendet. Aus den Blättern lässt sich zudem ein wohltuender Tee mit angenehmem Geschmack und wertvollen Inhaltsstoffen zubereiten. Traditionell wird diese Heilpflanze bei Verdauungsbeschwerden oder Erkrankungen der Atemwege eingesetzt.

Wiesen-Margerite

Leucanthemum vulgare

Blütenfarbe: weiß-gelb
Blütezeit: Juni bis September

Kein Sommerstrauß ohne Wiesen-Margerite! Diese Staude verkörpert die Sommererinnerung mit dem Zirpen der Heuschrecken und dem Duft nach frischem Heu wie keine andere. Sie ist deswegen eine schöne Bepflanzung für jeden sonnigen Balkon. Mit ihren weiß-gelben Blüten strahlt sie von Weitem und verleiht der Pflanzung Wärme und Leichtigkeit. Sie lässt sich zu pinken Nelken ebenso wie zu lilafarbenen Wiesenbewohnern wie dem Wiesen-Storchschnabel (s. S. 62) oder Wiesen-Salbei (s. S. 62) kombinieren. Ein weiterer Vorteil dieser Staude ist, dass sie trotz ihrer strahlenden Erscheinung nur wenig Platz im Topf beansprucht und sehr genügsam ist. Besonders gut passt die Wiesen-Margerite in ein größeres Gefäß, in dem außer bunten Blumen auch Gräser wachsen. Dann ist die Mini-Blumenwiese für den Balkon perfekt! Auf den großen Korbblüten der Margerite, die an schönen lange Blütenstängeln sitzen, landen Wildbienen, Käfer oder Tagfalter, um sich an Nektar und Pollen zu bedienen. Der Gärtner freut sich über die jungen Blätter, die roh gegessen den Salat bereichern. Die Blüten schmecken süßlich und schmücken Salate und Desserts.

ZWIEBELBLUMEN IN TÖPFEN

Eine besondere Freude nach dem Winter sind bunte Frühlingsblüher wie Krokusse, Winterlinge und Schneeglöckchen. Auch wenn die Arten nicht alle einheimisch sind, kann ich Zwiebelblumen in Töpfen nur empfehlen. Sie bieten zeitig im Jahr Nahrung für die aus der Winterstarre erwachenden Insekten. Außerdem ist es einfach schön, wenn die frühen Blüten uns vor Augen führen, dass Frühling ist und unser Topfgarten schon sehr bald wieder blüht und summt.

Der Frühblühertopf

Es gibt nicht viele Zwiebelblumen, die sich gerne in Töpfen halten lassen. Am einfachsten ist es, einen Topf nur für Frühblüher zu gestalten. Gepflanzt wird von September bis Oktober in einen möglichst tiefen Topf. Die beste Pflanztiefe ist dreimal die Dicke der Zwiebel, dann sind die Zwiebeln vor starken Frösten geschützt. Der Zwiebeltopf erhält eine gute Drainage. Dafür werden Materialien wie Bims, Scherben oder Blähton zu einem Viertel in den Topf gefüllt. Dann mit torffreier Pflanzerde auffüllen, bis die Pflanztiefe der Zwiebeln erreicht ist. Legen Sie nun die Zwiebeln mit der Wurzelseite nach unten auf die Erde. Zwiebeln im Topf werden dichter

Pflanzen Sie Blumenzwiebeln und freuen Sie sich im zeitigen Frühjahr über Schneeglöckchen, Elfen-Krokusse und andere Frühblüher. Laden Sie pollensammelnde Insekten ein, bereits an den ersten sonnigen Tagen im März Ihren Balkon zu besuchen.

NAME	BLÜTE UND WUCHS	EIGENSCHAFTEN
Kleines Schneeglöckchen *Galanthus nivalis*	sonnig, Februar bis März, weiß, 10–15 cm	läuten das Ende des Winters ein, mit gutem Pollen- und Nektarwert
Winterling *Eranthis hyemalis*	sonnig, Februar bis März, gelb, 5–15 cm	nicht einheimisch, dennoch wertvolle Pollenpflanze und nicht invasiv
Zweiblättriger Blaustern *Scilla bifolia*	sonnig/halbschattig, Februar bis März, blau, 15–20 cm	sehr attraktiver Frühlingsblüher, in Deutschland geschützt
Gelbe Narzisse *Narcissus pseudonarcissus*	sonnig/halbschattig, März bis April, gelb, 25–30 cm	wenig Pollen, aber Nektar für früh fliegende Insekten; sehr seltene Wildpflanze
Frühlingskrokus *Crocus vernus*	sonnig, März bis Mai, violett, 5–15 cm	es gibt sehr große verwilderte Bestände, ursprünglich nicht einheimisch
Wilde Tulpe *Tulipa sylvestris*	sonnig/halbschattig, April bis Juni, gelb, 20–30 cm	wilde Vorkommen in Weinbergen, heutzutage auf der Roten Liste

gepflanzt als im Garten. In einen Topf mit 30 Zentimetern Durchmesser passen je nach Art 20 bis 30 Zwiebeln. Nach dem Auslegen füllen Sie den Topf bis unter den Rand mit Erde auf. Freuen Sie sich auf bunte Blüten im kommenden Frühjahr! Der Topf kann, nach der Blüte und nachdem die Blätter eingezogen sind, beiseitegeräumt und an einem kühlen, geschützten Ort gestellt werden. Die Blätter müssen vollständig verwelkt sein. Denn bis dahin sammelt die Zwiebel ihre Kraft für eine prächtige Blüte im nächsten Jahr. In der Nebensaison darf der Platz auch ruhig dunkel sein, die Zwiebeln benötigen jetzt kein Licht mehr und auch kaum Wasser. Nach der kalten Jahreszeit wandert der Topf dann wieder an einen hellen Ort und die bunten Frühlingsblüher treiben erneut aus.

Zwiebelblumen als Lückenfüller

Wer keinen Platz für einen extra Frühblühertopf hat, kann einige Zwiebeln mit in die vorhandenen Staudentöpfe stecken. Auch dann sollten die Zwiebeln möglichst tief gepflanzt werden. Der Pflanzabstand beträgt bei dieser gemischten Pflanzung in etwa 15 Zentimeter. Das bedeutet, in einem bepflanzten Balkonkasten von 80 Zentimeter Länge kommen gerade mal vier Zwiebeln unter. Hübsch sieht es aus, wenn die Zwiebeln in Mini-Gruppen von drei oder vier Zwiebeln gepflanzt werden. Ich persönlich empfehle, die Blumenzwiebeln aus biologischem Anbau zu erwerben, denn konventionelle Blumenzwiebeln sind oft mit bedenklichen Rückständen aus Pflanzenschutz und Düngung belastet. Bezugsquellen für ökologische Blumenzwiebeln finden Sie auf Seite 153.

Echtes Johanniskraut

Hypericum perforatum

Blütenfarbe: gelb
Blütezeit: Juni bis August

Eine wahrlich magische Pflanze, die um den Johannistag am 24. Juni herum mit ihren leuchtend gelben Blüten auf dem Balkon erstrahlt. Die Blüten stehen in lockeren Rispen zusammen und locken mit reichlich Pollen insbesondere Schwebfliegen, Wildbienen und Hummeln an. Dem Johanniskraut wird nachgesagt, dass es die Sonne und Wärme an diesen längsten Tagen um die Sommersonnenwende einfangen kann. In Tees oder als Ölauszug soll die Pflanze deshalb gegen depressive Verstimmungen in der dunklen Jahreszeit helfen. Aber Achtung: Zu viel des Wirkstoffs steigert die Sonnenempfindlichkeit und kann zu Hautirritationen führen. Das Echte Johanniskraut ist eine robuste Wildstaude, die gerne mager und trocken wächst. Sie ist also gut für sonnige Balkone geeignet, gedeiht aber auch problemlos im Halbschatten. Ihre schönen sternförmigen Blüten und ölhaltigen Blätter duften allerdings besonders intensiv, je sonniger der Standort ist. Das sparrige Johanniskraut sollte im Topf für ein weicheres Erscheinungsbild am besten mit buschig wachsenden Pflanzen wie beispielsweise der Wald-Bergminze (s. S. 60) oder der Roten Lichtnelke (s. S. 51) kombiniert werden.

Färber-Hundskamille

Anthemis tinctoria

Blütenfarbe: gelb
Blütezeit: Juni bis Oktober

Diese schöne Staude mit locker aufrechtem Wuchs bildet ihre leuchtend gelben Korbblüten über mehrere Monate hinweg aus. Dieses Dauerblühen verleiht ihr eine besondere Stellung unter den Wildblumen für den Topfgarten. Wer die Farbe Gelb liebt und ausreichend Platz hat, sollte sich diese strahlende Blume in sein Wildblumenparadies holen. Die Färberkamille ist ein wahrer Insektenmagnet. Schmetterlinge lieben sie ebenso wie Wildbienen oder Schwebfliegen. Der Name weist darauf hin, dass die Blütenköpfe dieser Wildblume früher zum Färben von Stoffen verwendet wurden. Natürlicherweise kommt die Färberkamille als Pionierpflanze vor, das heißt, aufgrund ihrer Anpassungsfähigkeit kann sie selbst neue, bis dahin noch vegetationsfreie Bereiche besiedeln. Ihre Lebensdauer beträgt nicht allzu viele Jahre, dafür versamt sie sich reichlich, und das gerne auch in andere Töpfe. Deshalb ist sie gut geeignet, um die natürliche Veränderung im Topfgartenbiotop zu beobachten. Immer wieder bin ich überrascht, wenn Pflanzen verschwinden und wie aus dem Nichts an anderer Stelle wieder auftauchen! Ein Rückschnitt im September fördert eine Bestockung, und die Färberkamille treibt im kommenden Jahr schön dicht aus.

Frühlings-Fingerkraut

Potentilla neumanniana

Blütenfarbe: gelb
Blütezeit: März bis Juni

Eine wertvolle Pflanze für den Topfgarten, da sie im Frühjahr schon mit den Zwiebelblumen die Blühsaison eröffnet. Ab März öffnet diese Polsterstaude ihre Blüten, die wie kleine Sonnen strahlen und summende Besucher anlocken. Dann werden Wildbienen mit Nektar und Pollen versorgt. Oft blüht das Frühlings-Fingerkraut ein zweites Mal etwas schwächer im Herbst. Es bietet uns also mit die ersten und die letzten Blüten im Jahresverlauf, von denen wir ruhig auch naschen dürfen. Die gelben Blüten sind essbar und können die Frühlingstafel verzieren. Das Frühlings-Fingerkraut ist ein zierliches Pflänzchen, das langsam wächst. Daher wird es am besten in einen Extratopf gepflanzt, sodass es ohne Konkurrenz wachsen kann. Dann bildet die Wildstaude über die Jahre immer größere Polster, wenn sie regelmäßig umgetopft wird. Der optimale Standort ist sonnig und trocken, der Topf sollte mit einer guten Drainage ausgestattet sein. Aber auch im Halbschatten lässt sich das Frühlings-Fingerkraut halten, solange der Topf nicht zu feucht ist. Zusätzlicher Pluspunkt: Die hübsche Staude bietet auch im Winter etwas Farbe, da ihre Polster immergrün sind.

Gelbe Skabiose

Scabiosa ochroleuca

Blütenfarbe: hellgelb
Blütezeit: Juli bis Oktober

Eine zartgelbe Skabiose, die ausgesprochen trockenheitsverträglich ist und deshalb auch von gießfaulen Topfgärtnern gehalten werden kann. Sie bildet ihre schönen gelben Blüten genau wie ihre taubenblaue Schwester im Spätsommer von Juli bis Oktober. Die Kombination der beiden Skabiosen in einem Topf funktioniert gut und die pastelligen Farben ergänzen sich hervorragend. Auch diese Skabiose ist eine insektenfreundliche Pflanze und lockt als solche vor allem Schmetterlinge an. Wie so viele andere Nektarpflanzen erfreut sie unsere Sinne obendrein durch einen feinen Duft. Die Gelbe Skabiose lässt in ihrem fülligen Wuchs an verzweigten Stängeln eine Vielzahl der hellgelben Blüten erscheinen, die über dem Blattwerk zu schweben scheinen. Die Blütenstängel sind gut als Schnittblumen zu verwenden, wie auch die einzelnen Blüten als essbare Dekoration Gerichte verzieren können. Die Wildstaude wird meist nicht sehr alt, versamt sich aber gerne und bleibt uns somit dann doch lange erhalten. Passende Pflanznachbarn für einen elfenhaften Wildblumentopf sind die Rundblättrige Glockenblume (s. S. 59), das Kleine Mädesüß (s. S. 29), Polster-Schleierkraut (s. S. 29) und Gewöhnliches Leinkraut (s. S. 37).

Gelbe Spargelerbse

Lotus maritimus

Blütenfarbe: gelb
Blütezeit: Mai bis Juli

Die Spargelerbse erfrischt im Sommer mit ihrem lockeren, polsterartigen Wuchs und den großen zitronengelben Blüten jeden Topfgarten. Von Mai bis Juli bildet sie ihre auffallenden Blüten, die dann alle Insekten anlocken, deren Rüssel lang genug ist, um den Nektar zu erreichen. Dazu gehören besonders die Hummeln, es gibt aber auch kleinere Wildbienen-Arten, die in die Blüte einbrechen, um die honigsüße Nahrung zu schlürfen. Die Gelbe Spargelerbse möchte gerne sonnig stehen, kann aber auch im Halbschatten wachsen. Im Frühling hat sie es gerne etwas feuchter, dafür ist sie das restliche Jahr überaus robust und trotzt Trockenheit und Hitze. Leider ist die Blütezeit der Gelben Spargelerbse etwas zu kurz. Daher ist es schön, diese wertvolle Wildstaude mit Früh- und Spätblühern im Topf zu kombinieren. Für ununterbrochene Blütenfülle geeignete Pflanzpartner sind die Echte Küchenschelle (s. S. 57) als bewährte Frühblüherin, gefolgt vom Wiesen-Salbei (s. S. 62). Den Abschluss bildet dann beispielsweise der Wirbeldost (s. S. 46), der die Blütezeit bis in den Herbst hinein verlängert.

Gelbes Sonnenröschen

Helianthemum nummularium

Blütenfarbe: gelb
Blütezeit: Mai bis September

Das Gelbe Sonnenröschen bildet ein rankendes Polster, das sich für mehrere Monate mit strahlend gelben Blüten schmückt. In der langen Blütezeit von Mai bis September werden die Blüten gerne von pollensuchenden Insekten angeflogen. Dafür öffnen sich die Blüten bei Sonnenschein und Temperaturen über 20 Grad. Also genau dann, wenn die meisten potenziellen Bestäuber unterwegs sind! Jede einzelne Blüte verblüht bereits am selben Tag. Das macht aber nichts. Denn die kleine zähe Bewohnerin der trockenen Standorte bildet einfach tagtäglich eine Überfülle von neuen Blüten. Wer die Pflanze lieber kompakter haben möchte, schneidet die Polster nach der Hauptblütezeit zurück. Das regt zu einem dichten Wachstum und einer reichen späten Blüte an. Wie die meisten Polsterpflanzen kann das Sonnenröschen einen überhängenden Wuchs ausbilden, was gerade an der Balkonbrüstung oder auf dem Fensterbrett für Passanten einen besonderen Reiz hat. Die robuste Wildstaude gedeiht zudem sehr gut in kleinen Töpfen, denn auch am Naturstandort bewohnt sie Felsspalten mit geringem Platzangebot. Das Sonnenröschen steht gerne trocken und bildet eine verholzte Basis, sodass ein kleiner Strauch im Topf entsteht.

Gelbgrüner Frauenmantel

Alchemilla xanthochlora

Blütenfarbe: gelbgrün
Blütezeit: Juni bis Juli

Die sehr dekorative Blattschmuckstaude überzeugt durch ihre hohe Anpassungsfähigkeit. Der Gelbgrüne Frauenmantel kann sowohl am sonnigen als auch am schattigen Standort gedeihen, nur ausreichend Wasser muss der Gärtner zur Verfügung stellen. Denn zur Ausbildung der schön geformten blaugrünen Blätter benötigt diese Wildstaude ein feuchtes Substrat. Dann bildet sie auch kleine gelbe Blüten, die im schönen farblichen Kontrast zu den Blättern stehen. Die Blütenstände schweben wie gelbe Wolken über der Pflanze und verleihen jeder Pflanzung Leichtigkeit. Da sich der Frauenmantel über ungeschlechtliche Samenbildung vermehrt, ist er auf den Besuch von Insekten nicht unbedingt angewiesen. Allerdings können die Blätter Wassertropfen ausscheiden, die aufgereiht wie Perlen wunderschön an den Blatträndern sitzen oder sich in der Mitte des Blattes sammeln. Diese werden von unterschiedlichen Insekten gerne als Tränke angenommen. Der Name Frauenmantel weist auf die überlieferten Heilwirkungen bei verschiedenen Frauenleiden hin.

Gewöhnliches Leinkraut

Linaria vulgaris

Blütenfarbe: hellgelb
Blütezeit: Juni bis Oktober

Die Schwester des Alpen-Leinkrauts aus dem Flachland ist eine zierliche Erscheinung, die in einem auffallenden Gelbton mit orangener Mitte blüht. Allerdings ist sie deutlich starkwüchsiger und kann mit ihren Ausläufern schnell größere Bestände bilden. Die anderen Pflanzen im Topf verdrängt das Gewöhnliche Leinkraut dabei aber nicht, es bietet sich deshalb als guter Lückenfüller für die Wildblumentöpfe an. Schöne Nachbarn für diese Wildstaude sind das Taubenkropf-Leimkraut (s. S. 30), die Heide-Nelke (s. S. 48) oder die Färber-Hundskamille (s. S. 34). Die Blüten des Gewöhnlichen Leinkrauts erscheinen von Juni bis Oktober, ein Sommerrückschnitt lässt die Pflanze bis in den Herbst hinein kräftig erblühen. Darüber freuen sich außer dem Balkongenießer auch Hummeln, Wildbienen und Honigbienen, die schwer genug sind, um an den Nektar in der verschlossenen Blüte zu gelangen. Diese öffnet sich nämlich erst dann, wenn die Unterlippe durch das Gewicht des Insekts von der Oberlippe der Blüte gelöst wird. Manchen Erdhummeln ist das allerdings völlig egal, sie brechen kurzerhand in die Blüte ein, indem sie ein Loch in deren hohle Aussackung, den sogenannten Sporn, beißen und sich dann am Nektar bedienen.

Goldhaar-Aster

Aster linosyris

Blütenfarbe: gelb
Blütezeit: Juli bis Oktober

Die Goldhaar-Aster überzeugt zu jeder Jahreszeit mit ihrem buschigen Wuchs. Die Staude schmückt sich mit filigranen Blättern und ist mit den langen, beblätterten Stängeln auch ohne Blüten ein echter Hingucker. Richtig toll wird der Anblick dann aber zur Blütezeit. Die Goldhaar-Aster bildet gelbe, strahlenlose Blütenköpfchen in dichten Trauben, die nektarreich sind und Schmetterlinge und Wildbienen anlocken. Die goldgelbe Farbe kann bei dieser Blume besonders im Herbstlicht entzücken. Die späte Blüte bis in den Oktober hinein bietet den Insekten auch noch Nahrung, wenn sonst nicht mehr viel zu holen ist. Die Staude ist für sonnige Standorte geeignet und extrem trockenheitstolerant. Bei starker Trockenheit kann sie ihre nadelförmigen Blätter einrollen und sogar vergilben. Wenn dann aber wieder gegossen wird, erholt sie sich schnell und entwickelt sich erneut zu der prachtvollen Wildstaude, die so beliebt bei Gärtnern und Insekten ist. Die Goldhaar-Aster ist besonders für größere Kübel geeignet, denn dort kann sie ihren fülligen Wuchs besonders gut entfalten. Die silbrig-weißen Fruchtstände können im Winter stehen bleiben und bieten in der kalten Jahreszeit ein attraktives Bild.

Hohe Schlüsselblume

Primula elatior

Blütenfarbe: hellgelb
Blütezeit: März bis Mai

Eine echte Frühblüherin unter den Wildstauden! Bereits ab März öffnet die Hohe Schlüsselblume ihre schönen hellgelben Blüten, die bei früh fliegenden Hummeln und Schmetterlingen sehr beliebt sind. Es blüht ja sonst kaum etwas! Daher ist auch für uns die fröhliche Farbe ein toller Augenschmaus nach dem langen Winter. Die hellgelben Blüten stehen in Dolden an blattlosen Stängeln und erscheinen wie Glocken, die den Frühling einläuten. Die Blattrosette der Hohen Schlüsselblume ist ebenfalls hübsch anzusehen, da ihre runzeligen tiefgrünen Blätter besonders saftig erscheinen. Sie bleibt uns auch nach der Blütezeit als Blickfang erhalten. Die kurze Blütezeit dieser Staude ist kein Problem, denn sie benötigt wenig Platz und kann einfach mit anderen Blumen, die nach ihr das Blühen übernehmen, in einen Topf gepflanzt werden. Die Hohe Schlüsselblume fühlt sich an halbschattigen oder schattigen Plätzen wohl. Wer in der Sonne nicht auf diese wunderbare Frühlingspflanze verzichten möchte, kann auf Primula veris, die Echte Schlüsselblume, zurückgreifen. Diese duftet auch stärker als ihre schattenliebende Schwester. Die Hohe Schlüsselblume eignet sich prima für einen Frühlingsstrauß, von den Blüten kann man naschen.

Hornschotenklee

Lotus corniculatus

Blütenfarbe: goldgelb
Blütezeit: Mai bis August

Eine Kleeart, die sich sehr gut für den Topfgarten in der Sonne oder im Halbschatten eignet. Sie ist zwar sehr wüchsig, im Topf verträgt sie sich aber überraschend gut mit anderen Pflanzen, ohne diese zu verdrängen. Der Hornschotenklee zeigt seine goldgelben Schmetterlingsblüten ab Mitte Mai bis Ende August und ist dann eine wichtige Futterquelle für Bienen, Hummeln und Schmetterlinge. Von 57 Wildbienen-Arten ist belegt, dass sie den Pollen des Hornschotenklees sammeln. Diese kleine Wildstaude bildet grüne Polster, die auch gerne einen überhängenden Wuchs ausbilden. Mit kleinen Gräsern und höheren kräftigen Pflanzen mit Wiesencharakter bildet der Hornschotenklee eine schöne Topfgemeinschaft. Er möchte lieber in einem größeren Gefäß mit anderen Pflanzen wachsen, als in einem zu kleinen Einzeltopf eingezwängt zu sein. Trockenheit verträgt er sehr gut. Da der Hornschotenklee auch in der Landwirtschaft verwendet wird, gibt es von dieser Staude auf Ertrag gezüchtete Sorten. Also beim Kauf unbedingt darauf achten, die Wildform zu erwischen, sonst kann es durchaus passieren, dass das erworbene Exemplar zu konkurrenzstark für den Wildblumenbalkon ist.

Steppen-Wolfsmilch

Euphorbia seguieriana

Blütenfarbe: hellgelb
Blütezeit: Juni bis Oktober

Eine Pflanze, die etwas länger benötigt, bis sie in ihre schöne kugelige Form hineinwächst. Geben Sie ihr die Zeit, es lohnt sich! Dann ist die Steppen-Wolfsmilch eine ausgefallene Topfbewohnerin, die sich über einen langen Zeitraum mit den hellgelben Hochblättern um ihre Blüten schmückt. Diese Wolfsmilch blüht spät im Jahr von Juni bis in den Oktober, wenn andere Vertreter ihrer Gattung schon verblüht sind. Dann lockt sie mit ihrem Honigduft verschiedenste Insekten als Bestäuber an und erfreut auch die Nase des Wildblumengärtners. Die Steppen-Wolfsmilch wächst gerne in der Sonne in allerlei Pflanzgefäßen. Zu klein darf ihr Unterbringungsort allerdings nicht sein, damit sie sich zu einer schönen kugeligen Staude entwickelt. Nach der ersten Blüte kann die Pflanze kräftig zurückgeschnitten werden. Das regt ein gesundes und dichtes Wachstum an. Auch ein Schnitt der wintergrünen Pflanze im Frühjahr vor dem Neuaustrieb fördert einen kräftigen Wuchs und verhilft zu reicher Blüte. Doch Vorsicht: Die Pflanze gehört - wie ihr Name schon verrät - zu den Wolfsmilchgewächsen und enthält als solche einen Milchsaft, der für uns Menschen giftig ist. Also bitte nach dem Schnitt gründlich die Hände waschen!

Tripmadam

Sedum reflexum

Blütenfarbe: gelb
Blütezeit: Juli bis August

Wer einen sehr sonnigen Balkon hat oder einfach nicht viel gießen möchte, wird die Tripmadam und ihre ähnlichen Verwandten lieben. Denn diese kleine Pflanze, auch Felsen-Mauerpfeffer genannt, bildet schöne Polster und kann damit alle Lücken in den Töpfen füllen. Sie ist sehr gut an Trockenheit angepasst, was auch ihre dickfleischigen kleinen Blätter zeigen. Diese machen zudem den besonderen Reiz der Pflanze aus, denn die nadelförmigen, verdickten Blätter häufen sich zu hübschen Rosetten. Die Blattschönheit ziert den Topfgarten auch im Winter, denn sie ist immergrün. Von Juli bis August zeigt sie ihre sonnengelben Blüten, die zu mehreren an aufsteigenden bis zu 20 cm hohen Stängeln stehen. Die Blüten werden sehr gerne von Wildbienen, Schmetterlingen und Schwebfliegen aufgesucht. Die Tripmadam kann sehr gut in der Küche zum Würzen verwendet werden. Traditionell werden die Blätter, die frisch und leicht säuerlich schmecken, zusammen mit anderen Kräutern für Frühlingssuppen, Salate und Saucen verwendet. Sie gelten auch als kleine Vitaminbomben. Ebenso schön und mit ähnlichen Eigenschaften überzeugen der Scharfe Mauerpfeffer mit einer früheren Blütezeit und der Weiße Mauerpfeffer mit weißen Blüten.

Weidenblättriges Ochsenauge

Buphthalmum salicifolium

Blütenfarbe: gelb
Blütezeit: Juni bis September

Eine hübsche Staude, die ausdauernd in strahlendem Gelb blüht und dabei wenig Platz in den Töpfen beansprucht. Die großen kräftig gelben Korbblüten ähneln den Blüten der Wiesen-Margerite. Daher wird diese Wildstaude auch gerne als Goldmargerite bezeichnet. Die Wuchsform ist buschig und verleiht jedem Topf einen Blumenwiesen-Charkater. Diese Wirkung der lockeren Wildheit wird durch die Nachbarschaft mit Gräsern oder anderen Wiesenpflanzen wie der Karthäuser-Nelke (s. S. 49) verstärkt. Mit dem Ochsenauge wird der Topfgarten den ganzen Sommer hindurch zur Blumenwiese. Denn diese unermüdliche Wildstaude fängt in den letzten Maitagen an zu blühen und schiebt bis in den September hinein unaufhörlich neue kleine Blütensonnen nach. Das freut auch die Insekten, denn sowohl Schmetterlinge als auch Hummeln und Bienen fliegen auf die Blüten der Goldmargerite. Ein kräftiger Rückschnitt im Frühjahr oder nach der Blüte regt in der kommenden Saison zu reichlich Wachstum und Blüten an. Das gilt auch bei Schnitt einzelner Stängel für die Vase. Obwohl diese Staude die Sonne liebt, ist es möglich, ihren Topf an einen halbschattigen Ort zu stellen. Selbst dort werden reichlich Blüten gebildet.

Blutroter Storchschnabel

Geranium sanguineum

Blütenfarbe: rotviolett
Blütezeit: Mai bis September

Ein anspruchsloser Dauerblüher für jeden Standort. Von Mai bis September bildet der Blutrote Storchschnabel eine beachtliche Menge an leuchtenden rotvioletten Blüten. Nach der Blütezeit besticht diese Sorte mit einer wunderschönen tiefroten Herbstfärbung. Sehr gerne wächst er über den Topfrand hinaus und bildet einen schönen überhängenden Wuchs aus. Im Winter lässt der Blutrote Storchschnabel seine Blätter fallen und zieht sich unter die Erde zurück. Im kommenden Frühjahr treibt er dann von Neuem kraftvoll aus, um mit seinen farbintensiven Blüten alle Arten von Insekten mit Nektar und Pollen zu versorgen. Er benötigt nicht allzu viel Platz, um seine Pracht zu entfalten, und arrangiert sich gerne mit anderen Stauden im Pflanzgefäß. Der Blutrote Storchschnabel will es an den »Füßen« lieber etwas trocken haben und passt deswegen gut mit anderen Pflanzen für trockene Standorte zusammen. Für einen Topf in der prallen Sonne kann er mit Färberkamille (s. S. 34) oder Karthäuser-Nelke (s. S. 49) kombiniert werden, im Schatten bieten sich die Weiße Taubnessel (s. S. 31) oder die Berg-Flockenblume (s. S. 56) als geeignete Pflanzpartner an.

Gewöhnlicher Dost

Origanum vulgare

Blütenfarbe: rosa bis violett
Blütezeit: Juli bis Oktober

Ein Alleskönner unter den Wildstauden für den Topfgarten: würzen, blühen, duften. Der Gewöhnliche Dost oder Wilde Majoran bildet schöne dichte Polster, die schon beim Vorbeistreifen ihren würzigen Duft verströmen. Die Blätter, frisch oder getrocknet, eignen sich gut als Gewürz für Tomatensoßen oder Pizza. Die duftenden Blattpolster schieben dann von Juli bis Oktober ihre lila-rosa Blütenstände hervor und bieten somit auch noch spät im Jahr Nektar. Dieser ist mit seinem hohen Zuckergehalt bei vielen Insekten, besonders auch bei verschiedenen Schmetterlingen sehr beliebt. Der Gewöhnliche Dost kann gut in einem eigenen Topf wachsen, dabei nimmt er trotz seiner stattlichen Größe auch mit kleineren Gefäßen vorlieb. Sehr schön lässt er sich mit anderen Kräutern kombinieren oder wir imitieren als Gärtner seinen natürlichen Standort am Gehölzrand und pflanzen ihn zusammen mit Wirbeldost und dem Blutroten Storchschnabel. Wie so viele Kräuter verholzt der Dost an der Basis und wird daher am besten im Frühjahr vor dem Austrieb auf etwa zehn Zentimeter gekürzt. Dabei bitte nicht in die verholzten Teile schneiden, dann behält der Dost einen kompakten Wuchs.

GRÄSER UND FARNE

Für ausgewogene Kompositionen und verwunschene Bepflanzungen in dunkleren Bereichen bieten sich Gräser und Farne an. Gräser liefern das gewünschte Grün und beeindrucken mit filigranen Blüten, die sich leise im Wind bewegen. Farne bieten ein faszinierendes Schauspiel, wenn sie im Frühjahr ihre Wedel entrollen. Manche sind immergrün und sorgen noch im Winter für Farbe auf dem Balkon.

Gestalten mit Formen

Fast jeder Gärtner denkt bei der Planung der Balkonbepflanzung zuerst einmal an bunte Blumen in leuchtenden Farben und mit langer Blütezeit. Es lohnt sich aber, auch auf Blattschmuckstauden zurückzugreifen, die mit Form und Struktur ihrer Blätter besondere Gestaltungsmöglichkeiten zulassen. Sie bieten einen perfekten Kontrast zu den blühenden Schönheiten und setzen diese erst richtig in Szene. Außerdem sorgen Gräser für Leichtigkeit und unterstreichen den natürlichen Charakter des Wildblumen-Topfgartens. Genauso schön ist es aber auch, einen Topf ganz in Grün mit ausschließlich Blattschmuckstauden zu gestalten und das Augenmerk auf die Wuchsform und die Blattstrukturen zu lenken.

Kombinieren Sie Farne mit Stauden wie dem Storchschnabel, und Sie erhalten verwunschene Töpfe für schattige Bereiche. Wählen Sie zum Beispiel den Gewöhnlichen Wurmfarn mit stark gefiederten Blattwedeln für eine spektakuläre Blattentfaltung.

NAME	WUCHS	EIGENSCHAFTEN
Gewöhnliches Ruchgras *Anthoxanthum odoratum*	sonnig/halbschattig, 25–35 cm	Gras mit sehr gutem Duft nach dem Abschneiden und Trocknen
Echtes Federgras *Stipa pennata*	sonnig/halbschattig, 40–60 cm	Gras mit aufrechtem Wuchs und wunderschönen fedrigen Fruchtständen
Wald-Segge *Carex sylvatica*	halbschattig/schattig 30–45 cm	wintergrünes Gras mit hübschen Blütenständen für den Schatten
Brauner Streifenfarn *Asplenium trichomanes*	sonnig/schattig, 5–15 cm	wintergrüne gefiederte Wedel, gedeiht auch auf dem sonnigen Balkon
Hirschzungenfarn *Phyllitis scolopendrium*	halbschattig/schattig, 20–30 cm	immergrüner, zungenförmiger Farn, gut in Kombination mit Alpenveilchen
Gewöhnlicher Tüpfelfarn *Polypodium vulgare*	sonnig/halbschattig, 25–35 cm	immergrüner Farn mit den typischen Farnwedeln, konkurrenzschwach

Gräser gibt es in allen Variationen, für sehr trockene bis sehr feuchte Standorte, von sonnig bis schattig. Allen gemeinsam ist, dass sie sehr pflegeleicht und durch ihre ausgefallenen Blütenstände ein besonderes Gestaltungselement sind.

Der grüne Balkon

Besonders für die Gestaltung von dunkleren Ecken auf Balkon und Terrasse bieten sich Farne als Bepflanzung an. Denn die grünen Topfbewohner kommen meistens aus dem Wald und fühlen sich an dunklen Standorten wohl. Da sie keine Blüten haben, sind sie auch nicht auf den Besuch von bestäubenden Insekten angewiesen und lassen sich sehr gut auf schattigen Nordbalkonen kultivieren. Es kann ein ganzer Topf mit unterschiedlichen Farnen bepflanzt werden, dann ist auch Platz für ausladende Arten wie Schildfarn oder Wurmfarn. Am besten kombinieren Sie in einem Farntopf immergrüne Farne mit solchen Arten, die im Frühjahr das kunstvolle Entfalten der Farnwedel zeigen. Farne können aber auch als Ergänzung in anderen Bepflanzungen dienen. Dann bieten sich kleinere Arten an, die den anderen Stauden ausreichend Licht lassen. Die Farne verleihen schattigen Balkonen eine geheimnisvolle Ausstrahlung und lassen sich besonders gut mit Deko-Objekten kombinieren. Denn mit ihrem saftigen Grün bieten sie einen tollen Hintergrund für Stein-, Metall- oder Tonobjekte. Es gibt aber auch Farne, die sich an trockene Standorte angepasst haben und gerne auf sonnigen Balkonen halten lassen. Eine kleine Auswahl geeigneter Arten finden Sie in oben stehender Tabelle.

Berglauch

Allium lusitanicum

Blütenfarbe: rosa
Blütezeit: Juli bis September

Diese Zwiebelpflanze gehört zu den Spätblühern und beschert uns ab dem Sommer bis in den September hinein dichte rosafarbene Blütenbüschel. Die Blüten sitzen in kugeligen Blütenständen auf blattlosen Stängeln und werden von allerlei Wildbienen besucht. Auch Schmetterlinge lassen sich von dem Nektar der pastellfarbenen Kugeln anlocken. Diese Wildstaude ist ausgesprochen robust, langlebig und versamt sich gerne selbst. Der Berglauch wächst vorzugsweise am sonnigen Standort, kann aber auch für Töpfe im Halbschatten verwendet werden. Egal an welchem Standort - der Berglauch ist eine sehr trockenheitsresistente Pflanze. Da es sich um eine Zwiebelpflanze handelt, ist es besonders wichtig, dass im Topf keine Staunässe entsteht und für eine gute Drainage gesorgt ist. Jeder Topfgärtner, der wenig gießen möchte, kann auf den Berglauch nicht verzichten. Weiterer Pluspunkt: Die Blätter können wie Schnittlauch in der Küche verwendet werden. Der Berglauch kann im Balkonkasten oder im Einzeltopf unterkommen. Kombiniert wird diese essbare blütenreiche Wildstaude mit polsterbildenden Stauden wie dem Alpen-Steinquendel (s. S. 55).

Bunte Kronwicke

Securigera varia

Blütenfarbe: rosa-weiß
Blütezeit: Juli bis August

Dieser schöne Bodendecker mit den aparten rosa-weißen Blüten zeigt wieder einmal, wie einfach das Topfgärtnern manche Dinge macht. Trotz des attraktiven Auftretens der Bunten Kronwicke lehnen viele Gärtner diese Pflanze wegen ihrer wuchernden Eigenschaften dankend ab. Im Topfgarten hat man damit kein Problem: Die Staude kommt in einen großen Extratopf, der am besten noch etwas höher steht. So kann die Kronwicke einen überhängenden Wuchs entwickeln und ihre Üppigkeit voll entfalten, ohne andere Bewohner im Topfgarten zu belästigen. Ihre niedlichen Blüten, die zu mehreren in einer Dolde angeordnet sind, wirken als wahrer Bienenmagnet. Auch einige Schmetterlingsarten besuchen die Bunte Kronwicke gerne, das gilt insbesondere für eine Art: Die Raupen des Veränderlichen Rotwidderchens, eines Nachtfalters, haben die Bunte Kronwicke zu ihrer Leibspeise auserkoren. Meist überwintert die Raupe mehrmals an der Pflanze, bis sie sich schließlich verpuppt. Für uns Menschen ist die Kronwicke dagegen aufgrund der darin enthaltenen Glykoside giftig. Die Blüten erscheinen von Juli bis August, durch einen beherzten Schnitt zur Blütezeit kann die Pflanze zu einer zweiten Blüte im Herbst angeregt werden.

Edel-Gamander

Teucrium chamaedrys

Blütenfarbe: purpurrosa
Blütezeit: Juni bis August

Eine schöne Bienenweide für sonnige Standorte. Der Edel-Gamander bildet üppige Polster aus, die mit den rötlich angelaufenen Blättern einfach hübsch aussehen. Besonders dicht wächst diese niedrige Wildstaude in Töpfen mit guter Drainage und einem hohen mineralischen Anteil im Substrat. Denn sie mag keine feuchten Füße und kann eine Trockenzeit gut überstehen. Gut geeignet also für alle, die öfter mal das Gießen vergessen! Der Edel-Gamander treibt trotzdem seine Blütenstängel von Juni bis August und bildet daran die rosafarbenen Blüten. Diese locken Schmetterlinge, Wildbienen und besonders Hummeln an, sodass es den ganzen Sommer um den Edel-Gamander herum summt und brummt. Die Bodendeckerstaude ist wintergrün und bietet auch im Winter etwas für unsere Augen. Wenn man die Blätter zwischen den Fingern zerreibt, verströmen sie einen angenehmen, würzigen Duft. Der Edel-Gamander wird am besten mit anderen trockenheitsliebenden Pflanzen in einen Kübel gepflanzt. Als Pflanzpartner bieten sich das Gelbe Sonnenröschen (s. S. 36), der Alpen-Steinquendel (s. S. 55) oder der Berglauch (s. S. 44) an.

Frühlings-Platterbse

Lathyrus vernus

Blütenfarbe: rotviolett bis blauviolett
Blütezeit: April bis Mai

Diese Waldrandbewohnerin lässt sich gut in Töpfen auf schattigen und halbschattigen Balkonen kultivieren. Dort sieht die Frühlings-Platterbse mit ihrem horstig aufrechten Wuchs und den saftig grünen Fiederblättern auch außerhalb der Blütezeit gut aus. Ziemlich früh im Jahr, von April bis Mai, bezaubert sie uns außerdem mit ihren besonderen Blüten. Diese erscheinen in einem rotvioletten Ton und verblühen in violettblau, was ein knallig buntes Erscheinungsbild entstehen lässt. Darauf fliegen auch die Nektarsucher, aber nur die dicken Hummeln und Wildbienen sowie die Honigbiene sind schwer genug, um den Öffnungsmechanismus der Blüten zu betätigen. Nach der Blüte bieten die dunkel gefärbten Samenschoten einen Blickfang auf dem Wildblumenbalkon. Wer die Pflanze am sonnigen Standort halten möchte, muss den Topf ausreichend bewässern. Einen schönen Frühblühertopf ergibt die Frühlings-Platterbse gemeinsam mit dem Gefleckten Lungenkraut (s. S. 57), dem Duftveilchen (s. S. 56) und der Hohen Schlüsselblume (s. S. 38). Wer die Pflanze lieber in einer Blühabfolge mit anderen Stauden pflanzen will, wählt als Nachbarn die Wald-Witwenblume (s. S. 61) und die Rote Lichtnelke (s. S. 51).

Gewöhnliche Grasnelke

Armeria maritima

Blütenfarbe: rosa
Blütezeit: Mai bis Juli

Die horstig wachsende Staude bringt während der Blütezeit unermüdlich rosafarbene Blütenkugeln auf langen, blattlosen Stängeln hervor, was ihrer Erscheinung Leichtigkeit verleiht. Trotzdem ist sie konkurrenzstark und kann im Verbund mit großen Pflanzen im Kübel wachsen. Als Nachbarn kommen dann hohe Arten mit luftigem Wuchs wie die Wilde Möhre oder auch Kissenpflanzen wie das Polster-Schleierkraut (s. S. 29) als Umrandung infrage. Die Blätter der Grasnelke bilden ein schönes, grasartiges Polster und sind auch außerhalb der Blütezeit ein Schmuck für den Balkonkasten. Die ausgezeichnete Nektarpflanze ist gleichermaßen bei Bienen, Hummeln und Schmetterlingen beliebt. Die Grasnelke ist besonders trockenheitstolerant, auf Staunässe reagiert sie hingegen empfindlich. Bei einem Rückschnitt der Blütenstände im Juli blüht diese Wildstaude bis in den Herbst hinein. Von der Grasnelke gibt es gezüchtete Formen in unterschiedlichen Farben, auf die der Wildpflanzengärtner bei der farblichen Gestaltung mit gutem Gewissen zurückgreifen kann. Schöne Sorten sind 'Düsseldorfer Stolz' in einem satten rötlichen Pink oder 'Alba', die weiße Form der Grasnelke.

Gewöhnlicher Wirbeldost

Clinopodium vulgare

Blütenfarbe: violettrot
Blütezeit: Juli bis Oktober

Ein echter Spätblüher unter den Wildblumen! Mit dem Gewöhnlichen Wirbeldost kann die wertvolle Blüte im Topfgarten bis in den Oktober hinein verlängert werden. Dabei ist es egal, ob die Töpfe sonnig oder schattig stehen, der Wirbeldost lässt seine lilafarbenen Nektarspender an jedem Standort erblühen. Darüber freuen sich Hummeln, Bienen und Schmetterlinge, die im fortgeschrittenen Herbst noch auf Nahrungssuche sind. Die Blätter des Wirbeldosts erinnern an Oregano und tatsächlich können diese auch zum Würzen von Speisen verwendet werden. Der Wirbeldost zeigt sich an jedem Standort sehr trockenheitstolerant und kommt mit wenig Wasser aus. Ein Rückschnitt darf bei dieser Staude keinesfalls nach der Blüte erfolgen, sonst gehen die wertvollen Samen verloren. Erst im Frühjahr, wenn alle Samen von hungrigen Vögeln weggepickt sind, werden die trockenen Stängel abgeschnitten. Das Warten lohnt sich auch aus einem anderen Grund: Die in Wirbeln angeordneten Blütenstände bieten auch im ausgereiften Zustand im Winter einen attraktiven Anblick, insbesondere wenn Schnee oder Raureif die Samenstände schmückt.

Gewöhnliches Katzenpfötchen

Antennaria dioica

Blütenfarbe: rosa
Blütezeit: Mai bis Juli

Eine niedrig wachsende Staude, die den Topf schnell mit ihren hübschen graugrünen Blättern bedeckt. Die silbrige Farbe entsteht durch die Behaarung der Blätter, die das Gewöhnliche Katzenpfötchen vor dem Austrocknen schützt. Diese zähe Wildstaude kann also wunderbar der Trockenheit trotzen und bildet dennoch von Mai bis Anfang Juli lustige Blüten, deren Aussehen die Pflanze ihren Namen verdankt. Die rosa Färbung der Blüten passt hervorragend zu dem silbrig-grauen Laub. Das Gewöhnliche Katzenpfötchen wächst bevorzugt trocken und sonnig, es ist aber erstaunlich anpassungsfähig und kann auch im Halbschatten und mäßig trocken stehen. Wer ausreichend Platz im Topfgarten hat, lässt diesen immergrünen Bodendecker in seiner eigenen flachen Schale wachsen. Wer die Pflanze lieber mit anderen kombinieren möchte, wählt als Pflanzpartner Gräser oder verschiedene Nelken-Arten. Die Blüten des Katzenpfötchens werden gerne von Bienen und Schmetterlingen besucht, es ist aber auch eine gute Idee, einige abzuschneiden und zu einem kleinen Trockenstrauß zu binden, der uns auf den nächsten Sommer hoffen lässt, sodass uns der graue Winter nichts anhaben kann.

Große Fetthenne

Sedum telephium

Blütenfarbe: rosa bis purpurrot
Blütezeit: Juli bis September

Unter diesem Namen werden viele Varianten zusammengefasst, zum Beispiel die Hohe Fetthenne oder die Rote Fetthenne. Alle Arten sind einheimisch und wertvolle Wildstauden für den Topfgarten. Denn sie warten im Spätsommer mit insektenfreundlichen Blüten auf und leuchten in unterschiedlichen Farben bis in den Herbst hinein. Auch wenn die Große Fetthenne bereits verblüht ist, bieten die trockenen Blütenstängel über den ganzen Winter hinweg ein schönes Bild. Die Blütenstängel können aber auch geschnitten und getrocknet werden. Als Trockenstrauß erinnern sie in der winterlichen Wohnung an sonnenreiche Sommermonate. Die Große Fetthenne ist eine auffallende, mächtige Pflanze, die horstig wächst und dabei ein schönes Blattwerk in Graugrün mit einem rötlichen Schimmer ausbildet. Die Pflanze ist sehr robust und konkurrenzstark, sie lässt sich in kleinen und großen Töpfen halten. Je nach Topfgröße erreichen ihre Blütenstängel eine Länge von 15 bis 40 Zentimeter. Die Große Fetthenne freut sich über einen Platz in der Sonne, sie zeigt sich aber auch im Halbschatten wuchsfreudig.

Heide-Nelke

Dianthus deltoides

Blütenfarbe: fuchsia
Blütezeit: Juni bis September

Ein locker wachsendes, dauerblühendes Polster für den sonnigen Balkon. Die Heide-Nelke überzeugt mit ihren zahlreichen rosafarbenen Blüten, die sie von Juni bis in den September hervorbringt. Die Staude ist immergrün und bereichert den Balkon auch im Winter mit ihrem luftigen Polsterwuchs. Sehr gerne treibt sie auch über den Rand hinaus und verschönert den Topf mit einem grün-pinken Vorhang. Bei allerlei Insekten ist die Heide-Nelke als Pollenspender beliebt. An den süßen Nektar in ihren tiefen Blütenröhren reichen allerdings nur die Schmetterlinge mit ihren langen Rüsseln. Die Nachtfalter gehen leer aus, da die Heide-Nelke ihre Blüten nachts schließt. Aus dieser hübschen Wildstaude sind durch züchterische Auslese unterschiedliche Sorten entstanden, die alle ihren Reiz für unsere Töpfe haben. Es gibt weiße und leuchtend pinke Sorten sowie die Sorte 'Arctic Fire', die mit einem pinken Auge in einer weißen Blüte besticht. Die Heide-Nelke ist zwar kurzlebig, sie bleibt uns aber durch Selbstaussaat oder durch die gewollte Nachzucht lange erhalten. Sie ist für jede Topfgröße geeignet und lässt sich auch im Halbschatten halten.

Heilziest

Stachys officinalis

Blütenfarbe: purpurrosa
Blütezeit: Juni bis September

Diese platzsparende alte Heilpflanze ist ein Dauerblüher für alle Standorte! Ab Anfang Juni bis in den September hinein zeigt der Heilziest seine lilafarbenen Blüten, die zu mehreren an Stängeln über der tiefgrünen Blattrosette sitzen. Der schöne, starre, aufrechte Wuchs der Blütenstängel verleiht dem wilden Topfgarten Struktur und lässt sich wunderbar mit buschig wachsenden Pflanzen kombinieren. Gute Partner für einen farbenfrohen Topf sind beispielsweise das Ochsenauge (s. S. 40), das Kleine Mädesüß (s. S. 29) und der Wiesen-Salbei (s. S. 62). Die quirlförmigen Blütenstände der Wildstaude stellen für eine Vielzahl von Insekten Pollen und Nektar zur Verfügung. Besonders gerne wird der Heilziest von Hummeln aller Arten besucht. Ein Rückschnitt nach der ersten Hauptblüte im Sommer tut dieser Pflanze gut, sie bildet dann fülligere Blütenstände bis in den Herbst hinein. Eine Freude in Rosa-Lila für Mensch und Tier! Eine Alternative in Weiß ist die verwandte Art *Stachys recta*, der Aufrechte Ziest, der wunderschön und dauerhaft mit weißen Blüten aufwartet, die ebenso beliebt bei den Insekten sind. Der Heilziest ist sehr anpassungsfähig; er wächst auf feuchten bis trockenen Böden an sonnigen bis halbschattigen Standorten.

Karthäuser-Nelke

Dianthus carthusianorum

Blütenfarbe: fuchsia
Blütezeit: Mai bis September

Ein knalliger Farbtupfer für den sonnigen Balkonkasten. Die pink blühende Karthäuser-Nelke bildet ihre Blüten in Büscheln an aufrechten Stielen von Mai bis September. Ein Rückschnitt im Sommer, wenn die erste Blüte abflaut, regt zu einer zweiten kräftigen Blüte im Spätsommer an. Darüber freuen sich viele Insekten; besonders auf Schmetterlinge wirkt diese Nelken-Art wie ein Magnet. Unter anderem kommen dann Zitronenfalter und Schwalbenschwanz im Topfgarten vorbei, um sich an dem tief in der Blütenröhre verborgenen Nektar zu laben. Auch wir Gärtner können den feinen Duft der Blüten wahrnehmen und genießen. Gute Partner im Topf sind Glockenblumen (s. S. 58, 59) und das Polster-Schleierkraut (s. S. 29). Die Farbkombination aus den purpurfarbenen Nelkenblüten mit dem Blau und Weiß der Pflanzpartner zaubern eine Farbkombination mit guter Fernwirkung. Die Karthäuser-Nelke ist pflegeleicht und kann auch im Halbschatten wachsen. Als echte Trockenrasenpflanze kommt sie mit wenig Wasser im Topf aus. Zudem ist sie eine gute Schnittblume und wird mit anderen Sommerblühern zu einem schönen Wiesenblumenstrauß.

Moschusmalve

Malva moschata

Blütenfarbe: rosa
Blütezeit: Mai bis September

Eine Besonderheit zwischen den kleinblütigen Arten im Topfgarten: Die Moschusmalve überrascht mit ihren großen rosafarbenen Blüten, die einen Durchmesser von bis zu sieben Zentimetern haben. Noch dazu bildet die große buschige Pflanze eine Vielzahl dieser hübschen Blüten, die Bienen und Hummeln anlocken. Der feine Duft ist auch für die Gärtnernase eine Wohltat. Die Moschusmalve ist nicht für jeden Balkon geeignet, denn sie benötigt einen ausreichend großen Topf mit mindestens 20 Liter Volumen. Alternativ kann diese prächtige Wildstaude auch ein 70-Liter-Gefäß mit bis zu neun weiteren Stauden teilen. Einen Pflanzvorschlag dafür finden Sie auf Seite 120. Die Moschusmalve gedeiht auch im Halbschatten, in der Sonne fällt die Blüte jedoch üppiger aus. Mit der langen Blütezeit von Juni bis Oktober ist sie eine farbenfrohe Bereicherung für den wilden Topfgarten. Die großen Blüten können auch in der Wildkräuterküche verwendet werden: Als essbare Blüten verzieren sie Speisen oder Getränke, die getrockneten Blüten peppen den Gartenkräutertee mit etwas Farbe auf. In der freien Natur kommt die Moschusmalve überdies in Weiß vor, diese Form findet man auch als Samen oder Pflanzen im Handel.

Pechnelke

Lychnis viscaria

Blütenfarbe: fuchsia
Blütezeit: Mai bis Juni

Nein, die Pechnelke bringt kein Unheil! Ihr Name kommt vielmehr daher, dass sich am Stängel ein klebriger Belag bildet, mit dem sie Schädlinge fernhält. Und das ist nicht das Einzige, was diese tolle Staude kann: Ihr Extrakt wird als biologisches Pflanzenschutzmittel vertrieben, er fördert das Wachstum und schützt vor Krankheiten. Die Pechnelke bildet im Frühsommer lange, aber stabile Blütenstängel, an denen ihre karminrosa Blüten in Rispen erscheinen. Die ungefüllte Wildform lockt mit ihren leuchtenden Blüten besonders die Tagfalter an. Ein bunter Sommerstrauß wirkt mit den Blüten der Pechnelke umso schöner, ihre Stängel halten sich noch dazu gut in der Vase. Aber bitte niemals in der Natur pflücken! Die Pflanze ist in vielen Bundesländern geschützt, da ihr Lebensraum gefährdet ist. Im Wildpflanzengarten wirkt die grazile Schönheit gut in ihrem eigenen Topf. Sie ist aber auch für allerlei Pflanzkombinationen geeignet, zum Beispiel mit Bodendeckern wie dem Polster-Schleierkraut (s. S. 29), welche ihre langen Blütenstängel gut in Szene setzen. Oder sie leuchtet in einem Topf mit anderen sonnenliebenden Nelken in Pink um die Wette.

Prachtnelke

Dianthus superbus

Blütenfarbe: blassrosa
Blütezeit: Juli bis September

Auch diese Nelke ist eine ausgesprochene Falterpflanze, da sie ihren Nektar in langen Blütenröhren verbirgt und nur die Rüssel der Schmetterlinge diesen erreichen. Die Blütenblätter sind der Landeplatz für die hungrigen Falter und haben mit ihrem gefransten Aussehen eine tolle optische Wirkung. Besonders in der Nacht verströmen die Federblüten einen süßen Duft und locken damit auch zahlreiche Nachtfalter an. Die zarten Blüten schweben über einem dichten grünen Polster, das auch im Winter grüne Farbe auf den Balkon bringt. Die großen zartrosa Blüten sind essbar und können Desserts und Salate bereichern. Gut gedeiht die Prachtnelke an einem sonnenverwöhnten Standort, sie möchte aber ausreichend Wasser zur Verfügung haben. Ihr natürliches Habitat sind wechselfeuchte bis nasse Wiesen und kalkreiche Niedermoore. Damit bildet sie eher eine Ausnahme unter den vorgestellten Sonnenanbetern, die es meistens recht trocken lieben. Daher empfehle ich die Pflanzung in einen Einzeltopf, der dann etwas feuchter gehalten wird. Der Topf darf auch im Halbschatten stehen und vervollständigt zusammen mit Seggen oder Binsen das Bild einer natürlichen Feuchtwiese.

Rote Lichtnelke

Silene dioica

Blütenfarbe: fuchsia
Blütezeit: April bis September

Die Rote Lichtnelke überzeugt mit ihrer Anpassungsfähigkeit und ihren leuchtend magentafarbenen Blüten. Sie kann den Topfgarten sowohl im Schatten als auch in der Sonne bereichern. Leicht feuchten Füßen gilt ihr Vorzug, sie nimmt uns aber auch eine kurze Trockenzeit nicht übel. Ihr schöner, aufrecht buschiger Wuchs kommt besonders in größeren Gefäßen mit anderen Pflanzen gut zur Geltung. Gelungene Kombinationen ergeben sich mit Gräsern und Glockenblumen (s. S. 58, 59). Die pinken Röhrenblüten der Roten Lichtnelke werden besonders gerne von Schmetterlingen besucht. Nachtfalter kommen bei ihr als Bestäuber allerdings nicht infrage, denn die Blüten sind nur tagsüber geöffnet. Eine Freude für jeden Topfgärtner ist die lange Blütezeit der Roten Lichtnelke, deren auffallend strahlende Blüten von April bis September für Highlights sorgen. Die Wildstaude ist zwar eher kurzlebig, versamt sich aber je nach Platzangebot gerne selbst. Falls wir auf Nummer sicher gehen wollen, werden aus geerntetem Saatgut eigene Pflänzchen nachgezogen. Die Rote Lichtnelke keimt zuverlässig aus und ist in der Aufzucht unkompliziert.

Wiesen-Flockenblume

Centaurea jacea

Blütenfarbe: violett
Blütezeit: Juni bis September

Eine prächtige Staude, die mit ihren zahlreichen violetten Blütenköpfen eine Vielfalt an Insekten anlockt. Es kommen unterschiedliche Arten von Hummeln und Wildbienen sowie Schmetterlingen und Schwebfliegen, um sich mit Nektar und Pollen zu versorgen. Die Wiesen-Flockenblume ist besonders für sonnige Standorte geeignet, gedeiht aber auch im Halbschatten. Die aufrecht wachsende Staude benötigt ausreichend Platz, dann erfreut sie uns von Juni bis September mit zahlreichen Blüten, deren Farbe von Purpurrot über Violett bis hin zu Lila variiert. Die Blütenstängel sind für den Schnitt geeignet und halten sich sehr gut in der Vase. Dabei bietet sich die Wiesen-Flockenblume geradezu als Schnittblume an, denn durch einen Sommerrückschnitt wird diese Staude zu einer kräftigen Herbstblüte angeregt. Der Schnitt sollte allerdings bereits Ende Juni erfolgen, sodass nach der zweiten Blüte noch ausreichend Zeit für die Samenbildung bleibt. Denn die Samen der Wiesen-Flockenblume sind reichhaltige Snacks für Distelfink und Co. Es lohnt sich also, die Blütenstände im Herbst ausreifen zu lassen und dann zu beobachten, welcher Singvogel auf Nahrungssuche vorbeikommt.

WANDERER IM TOPFGARTEN

So schön und praktisch die Bepflanzung mit mehrjährigen Stauden im Topfgarten ist, so wichtig sind auch die Ein- und Zweijährigen, die sich durch Selbstaussaat in den Töpfen halten und mit einer schnellen, bunten Blütenpracht überzeugen. Viele dieser Arten kommen in der Natur am Ackerrand oder auf Brachflächen vor, wo sie möglichst zügig zur Blüte kommen und viele Samen ausbilden.

Einjährige im Topf

Es gibt eine große Auswahl von einheimischen einjährigen Blumen, die sich auch in Pflanzgefäßen wohlfühlen. Die gut wüchsigen und farbenfrohen Arten sollten in keinem Topfgarten fehlen. Denn einmal eingezogen, besiedeln sie immer wieder freie Plätze, sodass keine Lücke in Töpfen und Kästen ungenutzt bleibt. Dabei sind sie extrem pflegeleicht und blütenreich, lediglich übermäßige Aussaat muss durch konsequentes Jäten eingedämmt werden. Ich empfehle, die einjährigen Arten direkt in vorhandene Lücken zwischen den Stauden in den Töpfen zu säen. Nur keine Sorge, die Einjährigen werden die angewachsenen Stauden bestimmt nicht verdrängen.

Sehr gut geeignet für knallige Farbtupfer im Balkonkasten sind einjährige Wildblumen. Viele dieser Arten kommen natürlicherweise am Feldrand vor, zum Beispiel die Kornblume in leuchtendem Blau oder der Klatschmohn in auffälligem Rot.

NAME	BLÜTE UND WUCHS	EIGENSCHAFTEN
Kornblume *Centaurea cyanus*	sonnig/(halb-)schattig, Juni bis Aug., blau, 30–60 cm	filigrane Gestalt mit auffallend blauen Blüten, für jeden Standort geeignet
Feld-Rittersporn *Consolida regalis*	sonnig/halbschattig, Juni bis Aug., violett, 30–50 cm	selten gewordenes Ackerunkraut mit hübschen Blüten, **Achtung: giftig**
Kornrade *Agrostemma githago*	sonnig/halbschattig, Juni bis Juli, violett, 40–60 cm	wunderschöne Pflanze, war wegen ihrer **Giftigkeit** ein gefürchtetes Getreideunkraut
Klatschmohn *Papaver rhoeas*	sonnig/halbschattig, Mai bis Juli, rot, 30–50 cm	schöne große Blüten, die das seltene reine Rot als Farbe in den Topfgarten bringen
Echter Frauenspiegel *Legousia speculum-veneris*	sonnig/halbschattig, Juni bis Sept., violett, 10–25 cm	lange Blütezeit, sorgt für schöne lilafarbene Tupfer im Kasten
Echte Kamille *Matricaria recutita*	sonnig, Mai bis August, weiß, 20–30 cm	wunderbarer Duft an sonnigen Tagen, Blüten für einen wohltuenden Tee verwenden

Anzucht und Pflege

Der Kauf von vorgezogenen Pflanzen lohnt sich nicht, denn **einjährige Wildblumen** lassen sich ganz einfach durch Aussaat vermehren. Dafür entweder einen Topf wie gewohnt (s. S. 132) mit Blumen- und Aussaaterde vorbereiten oder die Lücken in vorhandenen Kästen mit einem Handgrubber oder einer Gabel auflockern. Das Saatgut der Blumen auf die Erde streuen und mit den Händen andrücken. Danach das Angießen und Feuchthalten nicht vergessen.

Sie können entweder eine ganz bestimmte Art aussäen, die gut zu Ihrem Topfgarten passt, oder Sie wählen eine Saatgutmischung mit unterschiedlichen einjährigen Blumen. In letzterem Falle sollten Sie darauf achten, dass es sich um einheimische Arten handelt, damit sich auch die vorbeifliegenden Insekten über Pollen und Nektar freuen können. Die von Ihnen gesäten Blumen werden sich im Spätsommer dann selbst aussäen und im nächsten Jahr an anderer Stelle auftauchen. Nur wenn der Topfgarten schon bis auf das letzte Plätzchen vollgepflanzt ist, verschwinden sie wieder. Denn Einjährige benötigen einen freien Platz, um sich zu entfalten.

Es gibt übrigens auch **streng zweijährige Pflanzen** wie das Berg-Sandglöckchen. Diese bilden im ersten Jahr nur die Blattrosette, um dann im zweiten Jahr zu blühen. Nach der Blüte und Samenbildung sterben sie ab. Und dann gibt es noch Arten, die **je nach Aussaatzeitpunkt ein- oder zweijährig** sind. Bei Aussaat im Frühjahr werden sie noch im selben Jahr zur Blüte kommen, ihre Samen ausbilden und absterben, bei Aussaat im August, September bilden sie Blattrosetten und blühen im Jahr darauf früher und kräftiger.

Ähriger Ehrenpreis

Veronica spicata

Blütenfarbe: blauviolett
Blütezeit: Juli bis September

Der Ährige Ehrenpreis bereichert den Topfgarten im Spätsommer mit Blütenständen von besonderer Form und Farbe! Unvergleichlich leuchten seine bis zu zehn Zentimeter langen Blütenähren in einem tiefen Lilablau. Die Blüten, die er bis in den September hinein hervorbringt, locken zahlreiche Arten von Wildbienen und Hummeln an. Für die Blütenpracht benötigt der Ährige Ehrenpreis nicht einmal viel Platz: Er kann in jede kleine Lücke gepflanzt werden, die im Topfgarten entstanden ist. Allerdings möchte diese Wildpflanze gerne sonnig bis halbschattig und auf keinen Fall im Wasser stehen, es ist also wichtig, für eine gute Drainage im Topf zu sorgen. Eine optisch ansprechende Topfgemeinschaft ergibt sich mit dem Polster-Schleierkraut (s. S. 29) und dem Weidenblättrigen Ochsenauge (s. S. 40). Es gibt von dieser Wildpflanze zahlreiche Sorten, doch ich rate zur Wildform. Die gezüchteten Formen sind nachweislich weniger attraktiv für spezialisierte einheimische Insekten. Eine weitere empfehlenswerte Art ist der Langblättrige Ehrenpreis, der es gerne etwas feuchter haben möchte und eine hellere Blütenfarbe hat. Beide Arten lassen sich sehr gut aus Samen ziehen, falls der Handel die gewünschten Wildformen nicht vorrätig hat.

Alpen-Leinkraut

Linaria alpina

Blütenfarbe: lila-orange
Blütezeit: Mai bis Oktober

Da freuen sich die Topfgärtner, denn diese kleine wunderschöne Wildstaude ist viel besser für den Topf als für die Beete im Garten geeignet. Das zierliche Kleinod möchte nämlich am liebsten auf Augenhöhe wachsen und das kann der Topfgärtner ganz einfach bieten. Oder wir heben den Topf mit dem Alpen-Leinkraut zur Blütezeit an und betrachten die attraktiven Blüten ganz in Ruhe. Es lohnt sich! Die kleine Wildstaude bildet von Mai bis Oktober reichlich Blüten, die in Lila und Orange leuchten. Das Alpen-Leinkraut ist konkurrenzschwach und wird am besten in einen eigenen Topf gepflanzt. Dieser Topf kann dann genau an die besonderen Bedürfnisse seines Bewohners angepasst werden, darum mit magerem Substrat bei gleichzeitig hohem mineralischen Anteil befüllen. Dann kann der Topf sowohl in der Sonne als auch im Schatten stehen, die zarte Wildstaude passt sich den jeweiligen Lichtverhältnissen an. Das Alpen-Leinkraut wird im Topf nicht uralt, es kann aber durch Aussaat problemlos nachgezogen werden. In größeren Töpfen bildet die kriechende Pflanze auch Ausläufer und lässt ihre Arme über den Topfrand hinunterhängen.

Alpen-Steinquendel

Acinos alpinus

Blütenfarbe: violett
Blütezeit: Mai bis September

Der Alpen-Steinquendel ist eine niedrige Pflanze mit kriechendem Wuchs. Die rötlich-violetten Einzelblüten sind klein und eher unscheinbar. Die Fülle und die Dauer der Blüte machen diese kleine Pflanze jedoch zu einem wertvollen Bewohner im Wildpflanzentopf. Der Alpen-Steinquendel bildet dichte Polster, deren Blüten gerne von Schmetterlingen, Wildbienen und Hummeln zur Nektaraufnahme besucht werden. Den Topfgärtner erfreut er durch seinen aromatischen, pfefferminzähnlichen Duft. In der Natur wächst diese Staude gerne auf kalkreichen, trockenen Böden im Gebirge. Er ist also für den sonnigen Balkon gut geeignet und kann genauso gut in einen Steingartentopf gepflanzt werden. Der Alpen-Steinquendel behauptet sich auch in Gefäßen mit anderen Stauden, solange diese nicht zu starkwüchsig sind. Besonders schön sieht diese trockenheitsverträgliche Wildpflanze im Hängetopf aus, dann fließt ihr dauerhafter Blütenteppich über den Rand des Topfes. Der Alpen-Steinquendel verholzt an der Basis und sollte daher niemals im Herbst zurückgeschnitten werden. Ein Rückschnitt nach der Blüte verhindert jedoch unerwünschte Aussaat im Topfgarten und führt zu einem kompakteren Wuchs.

Ausdauernder Lein

Linum perenne

Blütenfarbe: hellblau
Blütezeit: Juni bis Juli

In der Natur eine sehr seltene Pflanze, dafür darf der Ausdauernde Lein im Topfgarten reichlich blühen! Denn nur allzu hinreißend sind seine hellblauen Blüten, die mit unwahrscheinlicher Leichtigkeit an langen Stängeln zu schweben scheinen. Die Farbe ist selten und bereichert deshalb unser Wildblumenparadies umso mehr. Gut kombiniert ist der Ausdauernde Lein zusammen mit der Gelben Skabiose (s. S. 35) und der Moschusmalve (s. S. 49). Ein Blumenkasten in wunderbaren Pastelltönen, die ab Juni in einer schönen Blütenfolge erscheinen. Auf den Lein fliegen Bienen und Hummeln, aber nur in den Morgenstunden. Denn bereits ab Mittag schließt diese Wildstaude ihre Blüten wieder, um am nächsten Morgen zahlreiche neue zu öffnen. Der Ausdauernde Lein wächst sehr gerne in der Sonne, begnügt sich aber auch mit halbschattigen Standorten. Jedenfalls ist er sehr trockenheitsverträglich und robust. Die Staude bleibt uns nicht viele Jahre erhalten, darum die Samen ernten und gezielt in den Töpfen verteilen. Eine Selbstaussaat ohne unsere Hilfe funktioniert nicht gut, der Ausdauernde Lein ist einfach zu konkurrenzschwach.

Berg-Flockenblume

Centaurea montana

Blütenfarbe: blau
Blütezeit: Mai bis Juni

Die Berg-Flockenblume ist eine anspruchslose Blume mit großen Blüten, die sich an jedem Standort wohlfühlt. Allerdings benötigt die buschig wachsende Wildstaude Platz und ist deshalb besonders für große Pflanzgefäße geeignet. Dort kann sie auch mit anderen starkwüchsigen Pflanzen kombiniert werden. Geeignete Partner in sonnigen Bereichen sind Goldhaar-Aster (s. S. 38) oder Ochsenauge (s. S. 40), die mit ihren gelben Blüten im Kontrast zur lila blühenden Berg-Flockenblume stehen. Im Schatten sind die Wald-Witwenblume (s. S. 61) und die Weiße Taubnessel (s. S. 31) gute Nachbarn. Diese Kombination schafft ein harmonisches Bild in lila-weißen Farbtönen. Dort kann auch die weiße Form der Berg-Flockenblume verwendet werden, die immer mal wieder in Gärtnereien zu finden ist. Leider ist die Blütezeit der Flockenblume ziemlich kurz, dafür beginnt sie bereits früh im Mai, wenn im Topfgarten noch jeder Farbtupfer auffällt. Zudem kann die Pflanze durch einen Rückschnitt im Juni zu einer zweiten Blüte im Herbst angeregt werden. Die Blüten sind groß und von besonders schöner Form und Farbe. Auch bei Insekten ist die Blume beliebt und Schmetterlinge sowie allerlei Wildbienen kommen gerne zu Besuch.

Duftveilchen

Viola odorata

Blütenfarbe: violett
Blütezeit: März bis April

Der Duft des Frühlings! Bereits ab März und somit wirklich früh im Jahr öffnet das Duftveilchen seine violetten Blüten, die einfach eine himmlische Note verströmen. Süßlich ist der Duft und so schmecken auch die Blüten, die sehr gut in der Küche verwendet werden können. Entweder frisch gepflückt als Dekoration für verschiedene Gerichte oder in kandierter Form als besondere Leckerei. Aber bitte auch ein paar Blüten an der Pflanze belassen! Denn die früh fliegenden Insekten wie Hummeln und einige Wildbienen freuen sich über den Nektar der violetten Duftpakete. Das Duftveilchen wächst als Bodendecker in jeder Topfgröße. Gerne steht es im Schatten und notfalls in der Sonne, falls ausreichend gegossen wird. Trockenheit mag es nicht. Es kann auch mit anderen Pflanzen, die nicht zu kräftig wachsen, kombiniert werden, zum Beispiel mit der Hohen Schlüsselblume (s. S. 38) oder dem Gefleckten Lungenkraut (s. S. 57). Mir persönlich gefällt ein einfacher Veilchentopf besser, der von März bis April seinen großen Auftritt hat und dann in einer schattigen Ecke den Rest des Jahres verbringt. Dort sieht er auch nach der Blütezeit noch gut aus, denn die runden Blätter bleiben das ganze Jahr über erhalten.

Echte Küchenschelle

Pulsatilla vulgaris

Blütenfarbe: blauviolett
Blütezeit: Februar bis April

Die Küchenschelle oder Kuhschelle beeindruckt jeden Pflanzenliebhaber mit ihren großen, kräftig lilafarbenen Blüten, die sie bei milder Witterung bereits Ende Februar öffnet. Doch nicht nur die glockenförmigen Blüten sind wunderschön, auch die ganze Pflanze leuchtet oftmals in der Vorfrühlingssonne durch ihre silbrigweiße Behaarung. Und damit ist die Show noch nicht vorbei! Nach der Blüte bildet die Küchenschelle ihre wundersamen Früchte, die sich mit ihrem hübschen Federschweif bei trockenem Wetter vom Wind davontragen lassen. Diese besondere Wildstaude gedeiht am allerliebsten am vollsonnigen Standort, dort kommt sie auch besonders früh zur Blüte, sobald nur die ersten Frühlingssonnenstrahlen den Topf erwärmen. Sie lässt sich aber auch in Bereichen mit etwas weniger Licht halten. In jedem Fall möchte sie eine gut durchlässige Befüllung im Topf, dann wird sich die Küchenschelle prächtig entwickeln und uns einige Jahre erhalten bleiben. Bei geeigneten Standortbedingungen vermehrt sich die Pflanze durch Selbstaussaat. Ansonsten ist die Küchenschelle eher konkurrenzschwach und kann sich den Topf höchstens mit anderen zarten Pflänzchen wie beispielsweise dem Alpen-Leinkraut (s. S. 54) teilen.

Geflecktes Lungenkraut

Pulmonaria officinalis

Blütenfarbe: rosa bis violett
Blütezeit: März bis April

Eine weitere Wildstaude für halbschattige und schattige Standorte, die bereits im März ihre ersten Blüten zeigt. Viele der früh blühenden Wildstauden sind Waldbewohner, die noch vor dem Laubaustrieb der Bäume ihren Jahreszyklus vollendet haben. Daher fühlen sich die meisten im feuchten und humosen Schatten wohl. So auch das Gefleckte Lungenkraut, das uns für den passenden Standort mit sehr schönen Blüten belohnt. Die Blüten stehen in dichten Dolden und verändern ihre Farbe von Rosa beim Aufblühen bis hin zu Lila. Das ergibt ein insgesamt farbenfrohes Erscheinungsbild und ist eine Wohltat für unsere Augen nach dem grauen Winter. Die Hummelköniginnen, die schon so früh im Jahr auch bei niedrigeren Temperaturen unterwegs sind, bedienen sich gerne am Nektar des Gefleckten Lungenkrauts. Ein sehr natürliches Bild gibt eine kombinierte Pflanzung mit zum Beispiel der Hohen Schlüsselblume (s. S. 38) und anderen Waldbewohnern wie dem Busch-Windröschen ab. Dieser Topf sieht auch nach der Blütezeit noch schön aus, denn das Gefleckte Lungenkraut hat sehr attraktive, weiß gepunktete Blätter.

Kriechender Günsel

Ajuga reptans

Blütenfarbe: blauviolett
Blütezeit: Mai bis August

Dieser schöne Bodendecker füllt Lücken und erfreut den Wildblumengärtner mit seinen blauvioletten Blüten. Die frühen Blüten sind bei Wildbienen und Hummeln beliebt und sind besonders hilfreich, da sie bereits im Mai ihren Nektar und Pollen zur Verfügung stellen. Insbesondere Wildbienenweibchen sammeln so früh im Jahr den Pollen, um ihre Nester mit den Vorräten zu füllen. Darunter auch die Rostrote Mauerbiene, die dann gerne in das bereitgestellte Wildbienenhotel einzieht. Der Kriechende Günsel fühlt sich am halb- oder vollschattigen Standort wohl und hat es dann gerne auch etwas feuchter. Staunässe kann aber auch diese Wildstaude nicht vertragen. Er wird nach der Blüte zurückgeschnitten, sodass eine schwächere Nachblüte im Herbst erfolgen kann. Da diese Wildstaude auch Ausläufer bildet, überwuchert sie zarte Pflänzchen und kann nur mit starken Nachbarn wie beispielsweise Schlüsselblumen oder Farnen den Topf teilen. Besonders gut geeignet ist der Kriechende Günsel für das nachträgliche Befüllen von Lücken, falls irgendwo noch ein Plätzchen frei ist. Dafür kann auch ganz einfach ein Ableger von einer vorhandenen Pflanze genommen werden.

Nesselblättrige Glockenblume

Campanula trachelium

Blütenfarbe: blau
Blütezeit: Juli bis August

Die Nesselblättrige Glockenblume ist die Blume der Wahl für den schattigen Balkon, wenn es auch dort in schönem Blau blühen soll. Die Blütezeit ist nicht von langer Dauer, dafür erfreut uns die Staude mit großen Glockenblüten von bis zu fünf Zentimetern Länge. Die Blüten sind idealer Landeplatz für große Bienen und Hummeln, die sich an dem Nektar der Glockenblume laben. Auch die Nesselblättrige Glockenblume wird von einer Vielzahl von Wildbienen angeflogen, die am allerliebsten oder sogar ausschließlich den Pollen von Glockenblumen an ihre Larven verfüttern. Die aufrecht wachsende buschige Staude benötigt ausreichend Platz, um ihre Schönheit zu entfalten. Sie sollte in größere Töpfe gepflanzt werden. Gerne wächst sie in der Sonne, dort ist sie auch langlebiger. Im schattigen Topfgarten ist diese Staude oft nur ein kurzfristiger Gast, bleibt aber meist durch Selbstaussaat erhalten. Beim Kauf darauf achten, die Wildform zu erwerben, es gibt auch gefüllte Sorten, die ohne Zweck für die summenden Besucher sind. Noch dazu fehlt bei den gefüllten Sorten die wunderschöne klare Glockenform der Blüten, die gerade den Charakter dieser Pflanzen ausmacht!

Rundblättrige Glockenblume

Campanula rotundifolia

Blütenfarbe: blau
Blütezeit: Juni bis September

Diese robuste Glockenblume darf in keinem Topfgarten fehlen! Trotz ihrer lieblichen Erscheinung ist sie außerordentlich robust und verleiht jedem Wildblumengarten den gewünschten Wiesencharakter. Überdies gilt die Rundblättrige Glockenblume als echter Dauerblüher, da sie ab dem Frühsommer bis in den Herbst hinein blüht. Für den Topfgärtner bietet diese Staude weitere Vorteile: Sie wächst sowohl in der Sonne als auch im Halbschatten und benötigt wenig Platz. Sie kann als Lückenfüller verwendet werden und fühlt sich auch in kleinen Töpfen wohl. Ihre lilablauen, glockenförmigen Blüten locken Bienen und Hummeln an. Außerdem gibt es spezialisierte Wildbienen-Arten, die ausschließlich den Pollen der Glockenblumen für ihre Brut sammeln. Schöne Nachbarn im Topf auf dem sonnigen Balkon sind der Gewöhnliche Dost (s. S. 41) oder der Wiesen-Salbei (s. S. 62). Von der Rundblättrigen Glockenblume ist auch die weiße Sorte 'White Gem' im Handel, die ebenso wertvoll für die Artenvielfalt auf dem Balkon ist. Schön sieht eine Mischung beider Farben aus, das dann auch im Strauß auf dem sommerlichen Tisch.

Steinquendel

Calamintha nepeta

Blütenfarbe: hellblau bis violett
Blütezeit: Juli bis September

Eine meiner liebsten Stauden für den Topfgarten ist der Steinquendel. Die wunderhübschen blauvioletten Blüten sind zwar klein, bilden aber in ihrer Fülle und Anordnung einen herrlichen Blütenschleier. Dieser wirkt durch die helle blaue Farbe der Blüten fast weiß und verleiht dem Topfgarten eine geradezu romantische Ausstrahlung. Wie bei anderen Arten dieser Gattung auch sind die Blätter des Steinquendels stark duftend und können sehr gut in der Küche verwendet werden. Sie bieten sich für das Würzen von Speisen an und verleihen diesen ein frisches Aroma. Ebenso gut lassen sich die Blätter als Tee aufbrühen oder für Cocktails verwenden. Der Steinquendel ist ein echter Spätblüher und präsentiert sein Blütenmeer von Juli bis spät in den September hinein. Das lieben Honigbienen, Wildbienen und Schwebfliegen, die den Steinquendel dann gerne als späten Nektarspender aufsuchen. Die Wildstaude kommt vor allem in einem Einzeltopf gut zur Geltung, da sie durch ihren buschigen Wuchs schön über den Rand hinauswächst. Aber auch in Kombination mit anderen kräftigen Pflanzen wie beispielsweise dem Polster-Schleierkraut (s. S. 29) entfaltet der Steinquendel seine bezaubernde Wirkung.

Tauben-Skabiose

Scabiosa columbaria

Blütenfarbe: hellviolett
Blütezeit: Juli bis Oktober

Ein toller Insektenmagnet für den Spätsommer! Die Tauben-Skabiose lockt mit ihren schönen halbrunden Blütenköpfen in Taubenblau eine Vielzahl von Insekten an. Schwebfliegen, Bienen und Hummeln fliegen auf ihren Nektar. Auch Schmetterlinge besuchen diese hübschen Blütenstände gerne, insbesondere die schwarz-roten Widderchen lassen sich oft auf der Tauben-Skabiose blicken. Ein tolles Bild! Die ersten Blüten öffnen sich zwar erst im Juli, dafür hält die Blütezeit bis in den Oktober hinein an. Die daraufhin gebildeten Samen sind ein echter Leckerbissen für einheimische Singvögel. Die Tauben-Skabiose will lieber in große Töpfe oder große Gemeinschaftstöpfe gepflanzt werden. Dies dankt sie uns, indem sie jedes Jahr kräftiger wird und mit immer größerem Blütenreichtum aufwartet. Dann kann man auch einige der anmutigen Blütenstängel für die Vase schneiden und sich mindestens zehn Tage daran erfreuen. Gute Pflanzpartner für die Tauben-Skabiose sind viele Pflanzen, die auch gerne in der Sonne wachsen. Sie dürfen nur nicht zu konkurrenzstark sein. Eine schöne Pflanzkombination mit Blühabfolge ist beispielsweise ein Topf zusammen mit dem Gelben Sonnenröschen (s. S. 36) und der Pechnelke (s. S. 50).

Wald-Bergminze

Calamintha menthifolia

Blütenfarbe: hellviolett
Blütezeit: Juni bis Oktober

Eine wunderbare Duftpflanze, die sich auch im Halbschatten wohlfühlt. Ihr Duft erinnert an Pfefferminze und genau so können ihre Blätter verwendet werden: als Tee oder in Limonaden, aber auch zum Würzen von deftigen Speisen, beispielsweise in Marinaden. Der buschige Wuchs dieser üppig wachsenden Wildstaude bringt reichlich Blätter für die Küche hervor. Gleichzeitig werden die violettblauen Blüten von allerlei Wildbienen und Hummeln besucht. Auch im Blumenstrauß hält sich die Wald-Bergminze gut. Sie wirkt besonders schön in einer Topfgemeinschaft mit anderen Waldrandbewohnern, wie zum Beispiel der Frühlings-Platterbse (s. S. 45) oder der Nesselblättrigen Glockenblume (s. S. 58). Diese Nachbarn kommen mit dem konkurrenzstarken Wuchs der Wald-Bergminze zurecht und lassen sich nicht verdrängen. Obwohl diese Wildstaude auch im Halbschatten wächst, darf der Topf ruhig mal austrocknen. Die Wald-Bergminze kommt mit vorübergehender Trockenheit gut zurecht. Besonders schön an dieser Pflanze ist, dass man mit ihr auch in einen Topfgarten mit weniger Licht den Duft und den Charme von Kräutern holen kann. Die meisten anderen wohlriechenden Kräuter sind auf die Sonne angewiesen.

Wald-Vergissmeinnicht

Myosotis sylvatica

Blütenfarbe: blau
Blütezeit: Mai bis Juni

Die himmelblaue Farbe des Vergissmeinnichts ist einfach unersetzlich und sollte in keinem Topfgarten fehlen. Egal ob Sonne oder Schatten, diese kleine robuste Blume lässt ihre blauen Blüten überall erstrahlen. Am vollsonnigen Standort sollte die fehlende Kühle mit ausreichend Wassergabe ausgeglichen werden. Oft wächst das Wald-Vergissmeinnicht nur zweijährig, manchmal mehrjährig. In jedem Falle samt es sich aber reichlich selber aus und bleibt uns somit über Jahre im Topfgarten erhalten. Wer das Vergissmeinnicht nicht in jeder Lücke haben möchte, kann die Fruchtstände vor der Versamung abschneiden. In einer relativ kurzen Blütezeit von Mai bis Juni erscheinen die wunderbar blauen Blüten mit ihrem gelben Auge. In dieser Zeit können sie auch gerne als kleiner Frühlingsstrauß den Küchentisch erstrahlen lassen. Die Stängel halten sich sehr gut in der Vase. Die Blüten eignen sich zudem hervorragend als essbare Dekoration auf Kuchen oder Süßspeisen. Ihre tolle blaue Farbe macht sie zu einem echten Highlight auf der Kaffeetafel. Das Wald-Vergissmeinnicht versteht sich mit vielen Pflanzen, darf aber nicht mit zu zarten Pflanzen kombiniert werden, die es dann verdrängen würde.

Wald-Witwenblume

Knautia sylvatica

Blütenfarbe: violett
Blütezeit: Mai bis September

Eine attraktive, höher wachsende Wildstaude, die trotz ihrer Größe eine elegante Gestalt ist. Die lilafarbenen Blüten erscheinen ab Mai, die Blütezeit wird durch einen beherzten Sommerschnitt bis in den Herbst verlängert. Außerdem können regelmäßig Blütenstiele für sommerliche Sträuße entnommen werden. Auch das regt zu neuer Blütenbildung an. Die halbkugeligen Blütenköpfe enthalten bis zu fünfzig Einzelblüten, was ihnen beinahe ein gefülltes Aussehen verleiht. Die Blüten werden gerne von unterschiedlichen Wildbienen zur Nektar- und Pollenaufnahme besucht. Wenn sich eine kleine Biene reichlich am Pollen bedient, kann der Wildblumengärtner beobachten, dass die Pollenhosen lila-pink erscheinen. Die Wald-Witwenblume kann in Topfgärten von sonnig bis schattig gedeihen. Am sonnigen Standort ist es aber besonders wichtig den Topf ausreichend feucht zu halten, für schattige Standorte ist sie optimal geeignet. Für den sonnigen Balkon kann auch die Acker-Witwenblume gewählt werden, die die Trockenheit etwas besser verträgt. Die Witwenblumen erinnern uns zusammen mit Gräsern, Margeriten und Glockenblumen an sommerliche Wildblumenwiesen und lassen Kindheitserinnerungen wach werden.

Wiesen-Salbei

Salvia pratensis

Blütenfarbe: blauviolett
Blütezeit: Mai bis September

Eine wahrlich beeindruckende Sommerblume, die ihre prachtvollen blauvioletten Blütenkerzen bereits im Mai erblühen lässt. Der Salbei begleitet uns dann den ganzen Sommer hindurch und bildet nach einem Schnitt im Sommer zuverlässig weitere Blütenstände bis in den September hinein. Der Rückschnitt erfolgt nach der ersten Blüte, indem die ganze Pflanze eine Handbreit über dem Boden abgeschnitten wird. Die schön gefärbten Blüten locken besonders Hummeln an, die mit ihrem Gewicht den Öffnungsmechanismus der Blüte betätigen können. Diese aufrechte, horstbildende Staude benötigt im Topfgarten viel Platz. Ihr Topf sollte mindestens 20 Liter fassen oder sie wird mit anderen Pflanzen in eine größere Wanne gepflanzt. Dann macht sich der Wiesen-Salbei besonders gut in Gemeinschaft mit anderen Wiesenpflanzen wie der Wiesen-Margerite (s. S. 31), Gräsern und Nelken. Dieser große Wiesentopf wird dann wie eine echte Wiese einmal im Sommer gemäht, also kurz über dem Topfrand abgeschnitten. Dadurch bildet sich eine schöne zweite Blüte im Spätsommer. Es lohnt sich, dem Wiesen-Salbei den benötigten Platz einzuräumen, wenn man eine besonders stattliche, imposante Pflanze im wilden Topfgarten haben möchte.

Wiesen-Storchschnabel

Geranium pratense

Blütenfarbe: blau
Blütezeit: Juni bis August

Diese robuste Wildstaude mit den besonders schönen, großen blauvioletten Blüten ist für jeden sonnigen Balkon ein echter Hingucker. Der Wiesen-Storchschnabel ist ein typischer Sommerblüher und hat von Juni bis August reichlich Pollen und Nektar für die sammelnden Blütenbesucher im Angebot. Schwebfliegen, Wildbienen, Honigbienen und Schmetterlinge landen gerne auf seinen blauen Tellerblüten. Der Wiesen-Storchschnabel ist besonders gut geeignet, wenn der Topfgarten die Ausstrahlung einer sommerlichen Blumenwiese erhalten soll. Dazu wird der Wiesen-Storchschnabel mit anderen typischen Wiesenblumen wie der Wiesen-Margerite (s. S. 31), Glockenblumen (s. S. 58, 59), Wiesen-Salbei (s. links) und Gräsern kombiniert. Der Storchschnabel selbst benötigt ausreichend Platz und ist sehr konkurrenzstark. Er sollte also in einen eigenen Topf oder mit anderen starken Pflanzen in große Gefäße gepflanzt werden. Eine Anzucht dieser Wildstaude aus Samen ist kompliziert und nicht für Anfänger geeignet. Es gibt aber eine gute Auswahl von Pflanzen im Handel zu kaufen, auch eine weiße Form ist hin und wieder im Angebot.

Wildes Veilchen

Viola tricolor

Blütenfarbe: violett-gelb
Blütezeit: April bis Oktober

Ab April bezaubert diese kleine Wildblume mit ihren Blüten der ganz besonderen Art. Typischerweise sind die zwei oberen Blütenblätter violett, das untere gelb und die zwei seitlichen weiß oder hellviolett. Das Wilde Veilchen blüht also dreifarbig, daher auch sein wissenschaftlicher Beiname »tricolor«. Die drei Farben treten in allerlei Variationen an der Blüte auf, sodass uns dieser niedliche Frühlingsblüher ab April eine Vielzahl unterschiedlicher Gesichter zuwendet. Diese Pracht nimmt kein Ende, denn bis in den Oktober hinein werden neue Blüten gebildet. Dafür ist kein Rückschnitt nötig, diese kleine fleißige Pflanze benötigt nur ein wenig Platz im Gemeinschaftstopf und schon ist der Blütensegen gesichert. Das Wilde Veilchen ist eher kurzlebig, aber durch reiche Selbstaussaat bleibt es uns im Topfgarten dauerhaft erhalten. Die kleine Pflanze findet noch in jedem Topf einen Platz zum Anwurzeln und überrascht uns immer wieder aufs Neue, wo sie als Nächstes auftaucht. Das Wilde Veilchen kann sowohl in der Sonne als auch im Schatten wachsen und bevorzugt trockene Standorte. Die Blüten dieses Veilchens sind wie die anderer Arten essbar und können vorzüglich als farbenfrohe Dekoration in der Küche verwendet werden.

Zimbelkraut

Cymbalaria muralis

Blütenfarbe: violett-weiß
Blütezeit: Mai bis Oktober

Ein ganz besonderes Blümchen für den Topfgarten: von zierlicher Gestalt und doch so robust, dass es sogar andere Pflanzen verdrängen kann. Das Zimbelkraut öffnet seine kleinen, aber hübschen Blüten ab Mai, um dann dauerhaft bis in den Oktober neue Blüten nachzubilden. Die lilafarbenen Blüten sind eine wichtige späte Nahrungsquelle für Wildbienen und Schwebfliegen. Eine gute Wirkung erreicht die Pflanze in hängenden Töpfen oder zumindest in Pflanzgefäßen, die etwas höher sind, sodass der überhängende Wuchs gut zur Geltung kommt. Denn die formschönen und dunkelgrün gefärbten Blätter machen das Zimbelkraut zu einer Blattschmuckstaude, die auch außerhalb der Blütezeit schön anzusehen ist. Das Zimbelkraut gedeiht bevorzugt im Schatten und vermehrt sich dann auch gerne durch Selbstaussaat. Passende Partner, die sich nicht überwuchern lassen, sind die Weiße Taubnessel (s. S. 31) oder die Wald-Witwenblume (s. S. 61). Das Zimbelkraut bietet dem Gärtner eine gute Ergänzung für die Wildpflanzenküche. Die Blätter dieser frohwüchsigen Staude können regelmäßig geerntet werden und sind eine scharfe, Vitamin-C-reiche Beigabe zu Salaten oder Pizza.

DAS KLEINE WILDBLUMEN-PARADIES

Was erwarten Sie von Ihrem Topfgarten? Viele bunten Blüten? Ein paar Lichtpunkte in schattigen Ecken? Verführerische Düfte oder doch ab und an etwas zum Naschen? Wie auch immer Sie sich Ihr Wildblumenparadies vorstellen, für alles gibt es die passenden, insektenfreundlichen Pflanzen.

WILDBLUMENKOMBINATIONEN ZUM NACHPFLANZEN

Auch wenn Wildblumen eigentlich immer gut aussehen und es Spaß macht, einfach nur auszuprobieren, so bieten Pflanzvorschläge doch eine gewisse Orientierung, welche wilden Schönheiten gut miteinander auskommen und in Farbe und Form harmonieren. Das gilt vor allem dann, wenn eine ganz besondere Ästhetik gewünscht wird oder die Wildblumenkästen einen bestimmten Zweck erfüllen sollen.

Für den Einstieg

Sie sind Einsteiger und fangen gerade erst damit an, Ihren Balkon für Mensch, Tiere und Pflanzen wohnlich zu gestalten? Prima! Die vorgeschlagenen Kombinationen von Wildblumen in bestimmten Farben bieten sich dazu an, einen kleinen Balkon in einem Ton zu gestalten. Das bringt Ruhe in die Bepflanzung und ist ebenso schön wie die Wildheit einer ganz bunten Bepflanzung.

Es macht aber auch Spaß, in einem größeren Topfgarten mit Farben zu experimentieren, indem man beispielsweise eine dunklere Ecke mit weiß blühenden Pflanzen zum Leuchten bringt und hin zum Licht mit Pflanzen in feurigen Farben arbeitet. In diesem Fall lohnt es, Pflanzvorschläge zu unterschiedlichen Themen zu kombinieren. Vielleicht möchten Sie in Ihrem Topfgarten aber auch einen bestimmten Schwerpunkt setzen? Ganz gleich, ob Sie Ihren Balkon in eine Schmetterlingsoase (s. S. 112) oder eine Duftwolke (s. S. 124) verwandeln wollen – für alles ist das rechte »Kraut« gewachsen!

Mit Pflanzenkombinationen können Sie ganz bestimmte Insektengruppen anlocken oder den Schwerpunkt auf eine besondere Ästhetik legen. Hier landet der Distelfalter auf dem Mutterkraut, um bald darauf Nektar von Skabiose und Lauch zu sammeln.

So funktioniert's

Auf den folgenden Seiten finden Sie Pflanzvorschläge zu verschiedenen Themen. Diese sind jeweils für ein Pflanzgefäß mit etwa 70 Liter Inhalt konzipiert (was beispielsweise einer Zinkwanne entspricht), für einen Standard-Balkonkasten von 80 Zentimeter Länge und einen großen Pflanztopf mit 30 Zentimeter Durchmesser und mindestens 30 Zentimeter Höhe. So ist für jede Topfgartengröße etwas Passendes dabei. Nach Wunsch kann ein bestimmter Schwerpunkt gesetzt, dann aber mit einzelnen Töpfen aus anderen Themenbereichen aufgefüllt werden. Falls Sie also Ihren Balkon in ein Paradies für Wildbienen (s. S. 116) verwandeln möchten, setzen Sie einfach die entsprechenden Vorschläge um, haben dann aber immer noch Platz für einen Topf mit »essbaren Wildpflanzen« (s. S. 120). So kommt schlussendlich auch der Gärtner auf seine Kosten, nachdem er den Wildbienen ein so reichhaltiges Mahl bereitgestellt hat. Keine Sorge, wenn Sie nicht zu allen vorgeschlagenen Pflanzen gleich ein konkretes Bild vor Augen haben. Im Kapitel »Die besten Top(f)models« (s. S. 26) finden Sie zu den meisten der genannten Pflanzen ein ausführliches Porträt mit Infos zu Aussehen, Blütenfarbe und speziellen Eigenschaften. Entscheiden Sie selbst, ob Ihnen das »Outfit« der jeweiligen Pflanze zusagt. Und sollten Sie einen der Wunschkandidaten nicht im Handel finden, so zeigt Ihnen die Tabelle im Anschluss an die Pflanzvorschläge geeignete Alternativen auf. Oder – wie viele Möglichkeiten Sie sonst noch haben!

Einfach loslegen

Genug der Theorie, höchste Zeit loszulegen. Manches hört sich komplizierter an, als es ist. Denn erstens darf sich jede Pflanzung mit den Jahren weiterentwickeln, zweitens haben wir es als Topfgärtner denkbar einfach: Wenn eine Kombination noch nicht stimmig ist, kann Fehlendes mit zusätzlichen Töpfen ausgeglichen werden. Oder Sie verschieben einfach ein paar Pflanzgefäße und plötzlich sieht alles wunderbar rund aus. Überhaupt: Wer hat denn schon mal in der Natur eine nicht gelungene Komposition gesehen? Eben! Warum sollte es dann im natürlichen Topfgarten anders sein? Vielleicht fangen Sie zunächst mit einem kleinen Topf an und probieren aus, wie viel Freude die Wildpflanzen und ihre Besucher Ihnen bereiten. Oder Sie geben Wildblumen als Unterpflanzung in bereits vorhandenen größeren Töpfen mit Gehölzen Raum, ihre Schönheit zu entfalten. Sie brauchen dazu auch nicht den vielbeschworenen »grünen Daumen«. Die Wildblumen in diesem Buch sind anspruchslos, pflegeleicht und für Gartenanfänger geradezu wie geschaffen! Mir erscheint es oft so, als ob die Natur uns ermutigen möchte, sie zurückzuholen in unsere Städte und auf die gepflasterten Plätze, um uns mit ihr zu verbinden und uns als einen Teil von ihr wahrzunehmen. Dann erkennen wir ihre Schönheit und ihre Unentbehrlichkeit, erleben sie als schützenswert und es fällt uns leicht, das unseren Nachbarn, Kindern oder Schülern zu vermitteln. Zurück zur Natur! Für mehr Vielfalt, Schönheit und Naturschutz!

FARBENFROHE SONNENANBETER

Balkone und Terrassen werden meist in Ausrichtung zur Sonne gebaut. Für diese sonnenverwöhnten Topfgärten, die mindestens sechs Stunden am Tag von der Sonne bestrahlt werden, bieten sich Pflanzen an, die auch mal trocken werden dürfen. In der Natur kommen sie auf Trockenwiesen oder als sogenanne Saumgesellschaften am Rand von Wiesen, Weiden und Äckern vor. Viele dieser Arten blühen bereits früh im Jahr, denn zu dieser Zeit werden sie noch nicht durch andere Gewächse beschattet. In jedem der auf dieser Seite vorgestellten Pflanzvorschläge finden sich aber auch Wildblumen, die ihre Blütenpracht im Sommer entfalten oder sogar im Herbst noch blühen. Die Kombination von Sonnenanbetern mit unterschiedlichen Blütezeiten und in vielen verschiedenen Farben lassen wunderschöne Töpfe entstehen, die niemals langweilig werden.

Für eine Zinkwanne à 70 l Inhalt

1. Adonis vernalis
2. Anthericum ramosum
3. Euphorbia cyparissias
4. Ononis spinosa
5. Veronica prostrata (2×)
6. Buphthalmum salicifolium (s. S. 40)
7. Calamintha nepeta (s. S. 59)
8. Allium lusitanicum (s. S. 44)
9. Thymus serpyllum

Die Seitenangaben verweisen auf die Pflanzenporträts in Kapitel 2, alle anderen Stauden s. Tabelle S. 70–71.

Für einen Balkonkasten mit 80 cm Länge und 25 l Inhalt

1. Alyssum saxatile
2. Thymus serpyllum
3. Buphthalmum salicifolium (s. S. 40)
4. Calamintha nepeta (s. S. 59)
5. Allium lusitanicum (s. S. 44)
6. Aster linosyris (s. S. 38)

Für einen Topf mit 30 cm Höhe und 30 cm Durchmesser

1. Veronica prostrata
2. Helichrysum arenarium
3. Allium lusitanicum (s. S. 44)
4. Buphtalmum salicifolium (s. S. 40)

FARBENFROHE SONNENANBETER

Wo die Sonne richtig »hinknallt«, fühlen sich diese Pflanzen am wohlsten. Allerdings möchten sie doch auch mit Wasser versorgt werden. Pflanzen für den sonnigen und gleichzeitig sehr trockenen Standort finden Sie bei den Pflanzvorschlägen »Wilde Trockenkünstler« (s. S. 80). Trotz allem: Auch die Sonnenanbeter kommen mit wenig Wasser aus und dürfen sogar mal austrocknen. Viele der Blumen blühen intensiv gelb und leuchten mit dem Sonnenlicht um die Wette.

NAME	STANDORT	BLÜTE & WUCHS	AUSSAAT & PFLEGE	BESONDERHEIT
Zypressen-Wolfsmilch *Euphorbia cyparissias* 	trockener bis frischer Boden	grüngelb Blütezeit IV–VI 20–40 cm Höhe aufrecht	Keimzeit unregelmäßig Kaltkeimer Saattiefe 1 cm Aussaat: XI Sommerrückschnitt	guter Honigduft, de viele Blütenbesuche anlockt schöne orangerote Herbstfärbung
Sand-Thymian *Thymus serpyllum* 	trockener Boden	rosa Blütezeit IV–IX 10–20 cm Höhe Polster	Aussaat einfach Saatgut nicht bedecken Aussaat: III–IV Rückschnitt nach der Blüte	immergrüner Dauer-blüher, der sich sehr gut für Hängetöpfe eignet Blütenteppich
Flacher Ehrenpreis *Veronica prostrata* 	trockener bis frischer Boden	blau Blütezeit V–VI 15 cm Höhe Polster	Aussaat einfach Saatgut nicht bedecken Aussaat: III–IV Rückschnitt nach der Blüte	sehr hübsche blaue Blüten, die zahlreich erscheinen gut für Hängetöpfe geeignet

sonnig halbschattig schattig

NAME		STANDORT	BLÜTE & WUCHS	AUSSAAT & PFLEGE	BESONDERHEIT
Frühlings-Adonisröschen *Adonis vernalis*		trockener bis frischer Boden	gelb Blütezeit IV–VI 20–30 cm Höhe aufrecht	Keimzeit unregelmäßig Kaltkeimer Saattiefe 1 cm Aussaat: XI kein Schnitt	sehr frühe, große, sonnengelbe Blüten auch nach der Blüte attraktives Laub
Rispige Graslilie *Anthericum ramosum*		trockener bis frischer Boden	weiß Blütezeit VI–VIII 30–50 cm Höhe aufrecht	Keimzeit unregelmäßig Kaltkeimer Saattiefe 1 cm Aussaat: XI	zarte Lilienblüten, die in schön verzweigten Blütenständen stehen anmutige Erscheinung
Dornige Hauhechel *Ononis spinosa*		trockener Boden	rosa Blütezeit VI–IX 40–50 cm Höhe aufrecht, buschig	Keimzeit unregelmäßig, Schalen nicht zu früh entleeren Saattiefe 0,5 cm Aussaat: II kein Schnitt nötig	verholzender Kleinstrauch mit Dornen sehr lange Blütezeit mit hoher Anziehungskraft für Bienen und Wildbienen
Felsen-Steinkraut *Alyssum saxatile*		trockener bis frischer Boden	hellgelb Blütezeit IV–VI 15 cm Polster	Aussaat einfach Saatgut nicht bedecken Aussaat: III–V Rückschnitt nach der Blüte	sehr pflegeleichte Staude mit früher Blütezeit und gutem Honigduft
Sand-Strohblume *Helichrysum arenarium*		trockener bis frischer Boden	goldgelb Blütezeit VI–IX 30 cm aufrecht	Aussaat einfach Saatgut nicht bedecken Aussaat: III–V Sommerschnitt	getrocknete Blüten behalten ihre gelbe Farbe und sind für Trockensträuße geeignet aromatischer Duft

5 l Volumen, 20 cm Ø   11 l Volumen, 28 cm Ø   25 l Volumen, 35 cm Ø

IM LICHTEN SCHATTEN

Ihr Topfgarten ist nicht ganz so sonnig, sondern erhält während der Saison nur etwa drei bis fünf Stunden Sonne pro Tag? Prima! Der lichte Schatten oder Halbschatten ist ein toller Standort für ein Wildblumenparadies in Töpfen. Es gibt eine Vielzahl von Stauden, die in den teilweise beschatteten Pflanzgefäßen wachsen, denn viele Schattenpflanzen können bei ausreichend Wassergabe auch an einem helleren Platz gedeihen.

Die abwechslungsreichen Pflanzvorschläge dieser Seite sind sowohl für Standorte mit wenigen Sonnenstunden als auch für den lichten Schatten unter Bäumen geeignet. Besonderer Pluspunkt für den Topfgärtner: Hier müssen wir nicht ganz so viel gießen, da die geringere Sonneneinstrahlung, die Töpfe nicht so schnell austrocknen lässt. Das danken auch die Pflanzen, die so schnell zu einer üppigen Pracht heranwachsen.

Für eine Zinkwanne à 70 l Inhalt

1. Selinum carvifolia
2. Tanacetum corymbosum
3. Chelidonium majus
4. Carum carvi
5. Lathyrus pratensis
6. Polygonatum odoratum
7. Galium odoratum (s. S. 30)
8. Cymbalaria muralis (s. S. 63)
9. Geranium sanguineum (s. S. 41)

Die Seitenangaben verweisen auf die Pflanzenporträts in Kapitel 2, alle anderen Stauden s. Tabelle S. 74–75.

Für einen Balkonkasten mit 80 cm Länge und 25 l Inhalt

1. Geranium sanguineum (s. S. 41)
2. Lychnis flos-cuculi
3. Melittis melissophyllum
4. Carum carvi
5. Lotus corniculatus (s. S. 39)
6. Polygonatum odoratum

Für einen Topf mit 30 cm Höhe und 30 cm Durchmesser

1. Melittis melissophyllum
2. Lychnis flos-cuculi
3. Polygonatum odoratum
4. Geranium sanguineum

IM LICHTEN SCHATTEN

Die Pflanzen für diesen besonderen Standort vermitteln oft Volumen und Üppigkeit, denn sie bilden mehr Blattgrün in satten Farben aus als Wildblumen für die pralle Sonne. Dafür benötigen sie auch mehr Feuchtigkeit, das ist aber für den Gärtner kein Problem, denn die Töpfe trocknen im Halbschatten oder im lichten Schatten nicht so schnell aus. Ein tägliches Gießen ist also auch hier nicht nötig, selbst in trockenen Perioden reicht eine Bewässerung alle paar Tage aus.

NAME		STANDORT	BLÜTE & WUCHS	AUSSAAT & PFLEGE	BESONDERHEIT
Wiesen-Platterbse *Lathyrus pratensis*		trockener bis frischer Boden	goldgelb Blütezeit VI–VIII 80 cm Höhe rankend, nieder-liegend	Aussaat einfach Saattiefe 0,5 cm Aussaat: XI Sommerschnitt	zahlreiche Blüten sind beliebt bei der Blauen Holzbiene mit Rankgerüst, guter Sichtschutz
Schöllkraut *Chelidonium majus*		frischer Boden	gelb Blütezeit V–VII 60 cm Höhe aufrecht, buschig	Aussaat kompliziert leicht bedecken im Sommer aussäen, keimt erst nach dem Winter	robuste Wildpflanze mit früher Blütezeit Insektenweide giftig, in Präparaten als Heilpflanze
Immenblatt *Melittis melissophyllum*		frischer Boden	purpurrosa Blütezeit V–VI 40 cm Höhe aufrecht	Aussaat nicht ganz einfach Saattiefe 0,5 cm Aussaat: XI Rückschnitt nach der Blüte	Blüten mit Honigduf[t] ziehen Hummeln un[d] Schmetterlinge an weiße und bunte Formen erhältlich

sonnig · halbschattig · schattig

NAME		STANDORT	BLÜTE & WUCHS	AUSSAAT & PFLEGE	BESONDERHEIT
Kümmel-Silge *Selinum carvifolia*		frischer Boden	weiß Blütezeit VII–IX 40–60 cm Höhe aufrecht	Aussaat nicht ganz einfach Saattiefe 0,5 cm Aussaat: XI Frühjahrsschnitt	schöne Blütendolden Blüten erscheinen im Spätsommer und locken zahlreiche Insekten an
Strauß-Margerite *Tanacetum corymbosum*		trockener bis frischer Boden	weiß und gelb Blütezeit V–VII 50 cm Höhe aufrecht	Aussaat einfach nicht bedecken Aussaat: III–V Sommerrückschnitt	üppige Blütenpracht sehr gut für Blumensträuße geeignet anspruchslos
Kuckucks-Lichtnelke *Lychnis flos-cuculi*		frischer bis feuchter Boden	rosa Blütezeit V–VII 25–35 cm Höhe aufrecht Blattrosette	Aussaat einfach nicht bedecken Aussaat: III–V Sommerrückschnitt	sehr dekorative Blüten, die bei Schmetterlingen und Wildbienen beliebt sind gute Schnittblume
Wiesen-Kümmel *Carum carvi*		frischer Boden	weiß Blütezeit VI–VIII 50 cm Höhe aufrecht	Aussaat einfach Saattiefe 1 cm Aussaat: III–V Sommerrückschnitt	altbekanntes Gewürz, das traditionell zur Unterstützung der Verdauung verwendet wird oft zweijährig samt sich aus
Echtes Salomonssiegel *Polygonatum odoratum*		frischer bis feuchter Boden	cremeweiß Blütezeit V–VI 30–40 cm Höhe aufrecht	Aussaat kompliziert, Keimung dauert ein Jahr und länger Saattiefe 2 cm	dekorative Wildstaude, mit hängenden Blüten, die nach Bittermandel duften für langrüsselige Wildbienen

5 l Volumen, 20 cm Ø — 11 l Volumen, 28 cm Ø — 25 l Volumen, 35 cm Ø

GRÜNE SCHATTENWANDLER

Meistens sind Nordbalkone oder ganz schattige Plätze im Garten verwaiste Ecken. Das muss nicht sein, denn auch für diesen besonderen Standort gibt es die passenden Wildpflanzen! Einfach ein paar Töpfe aufgestellt und eine Auswahl der Schattenschönheiten eingepflanzt – und schon wird auch der schattigste Balkon grün! Genauso können in dunklen Gartenecken ein paar Pflanzgefäße mit Schattenliebhabern etwas Grün ins Dunkle bringen. Grün ist hier die dominierende Farbe, denn besonders gut machen sich Farne und bestimmte Gräser im totalen Schatten. Es gibt aber auch ein paar blühende Gewächse, die gerne im Schatten gedeihen. Diese sorgen dann für die bunten Tupfer im saftigen grünen Blättermeer. Viele der Blumen sind Frühblüher. Bei den Topfgärten im Schatten ist es besonders wichtig, schöne Blattformen und -farben zu kombinieren.

Für eine Zinkwanne à 70 l Inhalt

1. Ajuga reptans (s. S. 58)
2. Alchemilla xanthochlora (s. S. 37)
3. Cymbalaria muralis (s. S. 63)
4. Luzula pilosa
5. Geranium palustre
6. Anemone nemerosa
7. Dryopteris filix-mas
8. Phyllitis scolopendrium (s. S. 43)
9. Stachys sylvatica

Die Seitenangaben verweisen auf die Pflanzenporträts in Kapitel 2, alle anderen Stauden s. Tabelle S. 78–79.

Für einen Balkonkasten mit 80 cm Länge und 25 l Inhalt

1. Cymbalaria muralis (s. S. 63)
2. Luzula nivea
3. Adiantum capillus-veneris
4. Myosotis sylvatica (s. S. 61)
5. Viola odorata (s. S. 56)

Für einen Topf mit 30 cm Höhe und 30 cm Durchmesser

1. Galium odoratum (s. S. 30)
2. Asplenium trichomanes (s. S. 43)
3. Hepatica nobilis

GRÜNE SCHATTENWANDLER

Die Pflanzenauswahl für den Schatten bietet schön geformte Blätter und farbige Blüten für dunklere Ecken. Damit können Pflanzenbilder mit einer besonderen, geradezu mystischen Ausstrahlung geschaffen werden, die bei kreativen Topfgärtnern von passender Deko wie einem guten Gartengeist unterstützt wird. Die meisten Schattenpflanzen lieben es, in feuchter Erde zu wachsen, das ist aber kein Problem, da sich die Feuchtigkeit in den Töpfen im Schatten sehr gut hält.

NAME		STANDORT	BLÜTE & WUCHS	AUSSAAT & PFLEGE	BESONDERHEIT
Behaarte Hainsimse *Luzula pilosa*		frischer bis feuchter Boden	braun Blütezeit IV–V 20–30 cm Höhe horstig	Aussaat einfach nicht bedecken Aussaat: II–III Sommerrückschnitt	immergrünes Gras, das mit halbkugeligen frisch-grünen Horsten überzeugt empfehlenswerte Sorte 'Igel'
Sumpf-Storchschnabel *Geranium palustre*		frischer bis feuchter Boden	violett Blütezeit VI–IX 30–50 cm Höhe locker, aufrecht	Kaltkeimer Saattiefe 0,5 cm Aussaat: IX Frühjahrsschnitt	Dauerblüher für den Schatten kann als Spreizklimmer auch das Balkongeländer beranken
Wald-Ziest *Stachys sylvatica*		frischer bis feuchter Boden	violett Blütezeit VI–IX 50–80 cm Höhe aufrecht	Aussaat einfach leicht bedecken Aussaat: III–V Frühjahrsschnitt	wertvolle Hummel- und Schmetterlingspflanze verdrängt schwächere Pflanzen, eventuell alleine setzen

sonnig   halbschattig   schattig

NAME		STANDORT	BLÜTE & WUCHS	AUSSAAT & PFLEGE	BESONDERHEIT
Schnee-Marbel *Luzula nivea*		frischer bis feuchter Boden	weiß Blütezeit V–VII 40–60 cm Höhe horstig	Aussaat einfach nicht bedecken Aussaat: II–III Sommerrückschnitt	sehr schönes Gras für den Schatten, mit wunderbarem Kontrast zwischen weißen Blüten und grünem Laub
Leberblümchen *Hepatica nobilis*		frischer Boden	blau Blütezeit III–IV 10 cm Höhe aufrecht	sehr komplizierte Aussaat, besser Pflanzen kaufen direkt nach Samenreife aussäen und Keimung erst im nächsten Jahr	hübsche blaue Blüten, fröhliche Vorfrühlingsboten gut für eine Blütenabfolge im Topf, die bereits im März beginnt
Busch-Windröschen *Anemone nemerosa*		frischer Boden	weiß Blütezeit III–IV 15–20 cm Höhe aufrecht	Kaltkeimer leicht bedecken Aussaat: IX kein Schnitt	eine der Wildblumen auf dem Balkon, die bereits im März den Frühling ankündigt und wertvolles Futter für Insekten bietet
Echter Wurmfarn *Dryopteris filix-mas*		frischer bis feuchter Boden	ohne Blüten 50 cm Höhe aufrecht, horstig	Vermehrung durch Sporen, Empfehlung zum Pflanzenkauf	wunderschöner Blattaustrieb im Frühjahr, Blattschmuckstaude, die in jedem Schattengarten eine gute Figur macht
Frauenhaarfarn *Adiantum capillus-veneris*		frischer bis feuchter Boden	ohne Blüten 30 cm Höhe aufrecht, horstig	Vermehrung durch Sporen, Empfehlung zum Pflanzenkauf	sehr ansprechende Blattschmuckstaude, die mit den fein gefiederten Wedeln zart wirkt

5 l Volumen, 20 cm Ø — 11 l Volumen, 28 cm Ø — 25 l Volumen, 35 cm Ø

WILDE TROCKENKÜNSTLER

Die Trockenheit im Topfgarten entsteht durch einen extrem sonnigen Standort oder durch eine anhaltend heiße und trockene Wetterlage. Es gibt aber nicht nur besonders trockene Balkone und Terrassen, sondern auch besonders gießfaule Topfgärtner! Für beide Fälle bieten sich Pflanzen an, die wahre Trockenkünstler sind. Das sind solche, die in der Natur gerne in sonnigen Felsspalten oder auf besonders sandigen Böden wachsen.

Die Pflanzgefäße werden für diese Wildblumen mit einem besonders hohen mineralischen Anteil befüllt, es dürfen auch gerne einige kleinere oder größere Steine im Pflanzkasten landen. Der kleine Steingarten im Topf ist unkompliziert und die Freude jedes Gärtners. Denn diese erstaunlichen Pflanzen verzeihen es uns auch, wenn wir mal das Gießen vergessen oder einfach in den Kurzurlaub fahren und sie sich selbst überlassen.

Für eine Zinkwanne à 70 l Inhalt

1. Aster linosyris (s. S. 38, 3×)
2. Antennaria dioica (s. S. 47)
3. Potentilla argentea
4. Sempervivum arachnoidem
5. Sempervivum tectorum
6. Teucrium montanum
7. Potentilla aurea
8. Saponaria occymoides
9. Lychnis alpina
10. Linaria alpina (s. S. 54)

Die Seitenangaben verweisen auf die Pflanzenporträts in Kapitel 2, alle anderen Stauden s. Tabelle S. 82–83.

Für einen Balkonkasten mit 80 cm Länge und 25 l Inhalt

1. Acinos alpinus (s. S. 55, 2×)
2. Potentilla argentea
3. Hippocrepis comosa (2×)
4. Sempervivum arachnoideum
5. Allium lusitanicum (s. S. 44)

Für einen Topf mit 30 cm Höhe und 30 cm Durchmesser

1. Lychnis alpina
2. Sempervivum arachnoideum (2×)
3. Teucrium montanum
4. Saponaria occymoides

WILDE TROCKENKÜNSTLER

Hier sind die Pflanzen Programm, die am allerliebsten am sonnigen und trockenen Standort gedeihen. Sehr gerne wachsen diese Stauden auf durchlässigem Boden und es sollte in den Töpfen auf eine besonders gute Drainage geachtet werden. Am besten wird dem Substrat ein Extra an mineralischem Substrat wie Sand oder Bims beigemischt. Falls Sie Ihren kleinen Steingarten mit größeren Steinen gestalten möchten, bitte auf das Gewicht achten, sodass der Topfgarten nicht zu schwer wird.

NAME		STANDORT	BLÜTE & WUCHS	AUSSAAT & PFLEGE	BESONDERHEIT
Gewöhnlicher Hufeisenklee *Hippocrepis comosa*		☼ trockener Boden	gelb Blütezeit V–IX 15 cm Höhe Polster	Kaltkeimer Saattiefe 0,5 cm Aussaat: IX Frühjahrsschnitt	leuchtend goldgelbe Blütenstände, die als Pollenquelle für 16 Wildbienenarten nachgewiesen sind
Spinnweb-Hauswurz *Sempervivum arachnoidem*		☼ trockener Boden	purpurrosa Blütezeit VI–VII 5–10 cm Höhe Polster, Blütenstängel aufrecht	Aussaat einfach nicht bedecken Aussaat: II–III keine Pflege notwendig	beeindruckende Blattrosetten, die wie mit feinen weißen Fäden übersponnen wirken beliebt bei Insekten
Alpen-Lichtnelke *Lychnis alpina*		☼ trockener Boden	fuchsia Blütezeit V–VI 15 cm Höhe aufrecht	Aussaat einfach leicht bedecken Aussaat: III–V vor Samenreife schneiden	sehr schöne kleine Nelke, die früh im Jahr blüht zur Verlängerung der Lebensdauer nicht alle Samen ausreifen lassen

☼ sonnig ◐ halbschattig ● schattig

NAME		STANDORT	BLÜTE & WUCHS	AUSSAAT & PFLEGE	BESONDERHEIT
Gold-Fingerkraut *Potentilla aurea*		trockener bis frischer Boden	goldgelb Blütezeit V–VI 15 cm Höhe Polster	Aussaat einfach nur andrücken Aussaat: III–V Sommerschnitt	je sonniger der Standort desto mehr Blüten Blüten mit schöner orangegelber Mitte
Dach-Hauswurz *Sempervivum tectorum*		trockener Boden	rosa Blütezeit VII–VIII 10 cm Höhe Polster, Blütenstängel aufrecht	Aussaat einfach nicht bedecken Aussaat: II–III keine Pflege notwendig	kann einfach ausgesät werden, auch wenn üblicherweise durch Teilung vermehrt wird schöne Blattschmuckstaude
Silber-Fingerkraut *Potentilla argentea*		trockener bis frischer Boden	gelb Blütezeit V–VIII 20–30 cm Höhe buschig niederliegend	Aussaat einfach nur andrücken Aussaat: III–V Sommerschnitt	sehr robust schönes Farbspiel der Blätter mit den silbrig behaarten Unterseiten kleine Blüten, aber reich blühend
Berg-Gamander *Teucrium montanum*		trockener Boden	weiß Blütezeit VII–IX 15 cm Höhe Polster	keimt sehr unregelmäßig, Aussaatgefäße nicht zu früh entsorgen Saattiefe 0,5 cm Aussaat: XI	immergrünes Halbsträuchlein mit aromatischen Blättern liefert bis in den Herbst hinein Nahrung für Insekten
Polster-Seifenkraut *Saponaria occymoides*		trockener Boden	rosa Blütezeit V–VII 20–25 cm Höhe Polster	Aussaat einfach leicht bedecken Aussaat: III–V Sommerschnitt	sorgt für ein wahres Blütenmeer schon früh im Jahr weiße Form ‘Snow Tip’ auch empfehlenswert

5 l Volumen, 20 cm Ø   11 l Volumen, 28 cm Ø   25 l Volumen, 35 cm Ø

LEUCHTFEUER IN GELB, ORANGE, ROT

Eine Farbexplosion! Gelb, Orange und Rot haben eine tolle Fernwirkung und strahlen den Topfgärtner förmlich an. Die warmen Farben wirken fröhlich und heben die Stimmung. Gelbe Blüten sind häufig und ziehen besonders viele Insekten an, solche in Orange sind ausgesprochen selten. Auch reines Rot ist nur selten anzutreffen, die meisten einheimischen Wildblumen haben meist einen Magentaton. Schade eigentlich, denn rot blühende Blumen sind wahre Schmetterlingsmagneten, nur sie können die leuchtende Farbe wahrnehmen. Die Blumenkombinationen in warmen Farben sind für sonnige oder halbschattige Standorte geeignet, dort leuchten die Blumen durch das einfallende Sonnenlicht besonders schön. Ihre volle Wirkung entfalten diese Farbkombinationen im goldenen Herbstlicht, weswegen Spätblüher im Topf eine echte Attraktion sind.

Für eine Zinkwanne à 70 l Inhalt

1. Hieracium aurantiacum
2. Anthyllis vulneraria
3. Inula ensifolia
4. Anthemis tinctoria (s. S. 34)
5. Trifolium rubens
6. Lathyrus tuberosus
7. Verbascum phoeniceum
8. Sanguisorba minor
9. Dianthus deltoides (s. S. 48)
10. Galium verum
11. Trifolium pratense

Die Seitenangaben verweisen auf die Pflanzenporträts in Kapitel 2, alle anderen Stauden s. Tabelle S. 86-87.

Für einen Balkonkasten mit 80 cm Länge und 25 l Inhalt

1. Hieracium aurantiacum
2. Geranium sanguineum (s. S. 41)
3. Sanguisorba minor
4. Dianthus deltoides
5. Buphthalmum salicifolium (s. S. 40)
6. Helianthemum nummularium (s. S. 36)

Für einen Topf mit 30 cm Höhe und 30 cm Durchmesser

1. Linaria vulgaris (s. S. 37)
2. Hieracium aurantiacum
3. Galium verum
4. Trifolium rubens

LEUCHTFEUER IN GELB, ORANGE, ROT

Eine Pflanzung in den warmen Farben von Gelb bis Rot bietet sich besonders für sonnige Standorte an. Es darf nach Herzenslust kombiniert werden, auch eine Topfkreation ganz in Gelb hat ihren besonderen Reiz und wird zu einem sonnigen Leuchten, das eine fröhliche Stimmung verbreitet. Viele der Arten in Rot und Gelb gedeihen auch im Halbschatten oder im lichten Schatten und können auch dunklere Ecken zum Strahlen bringen.

NAME		STANDORT	BLÜTE & WUCHS	AUSSAAT & PFLEGE	BESONDERHEIT
Orangerotes Habichtskraut *Hieracium aurantiacum*		trockener Boden	orange Blütezeit VI–VII 10–20 cm Höhe kriechend	Aussaat einfach nicht bedecken Aussaat: II–V Frühjahrsschnitt	auffallende Farbe, di auch Schmetterling anzieht sehr anpassungsfäh
Purpur-Klee *Trifolium rubens*		trockener bis frischer Boden	purpurrosa Blütezeit VI–VII 30–40 cm Höhe aufrecht buschig	Aussaat einfach leicht bedecken Aussaat: II–V Frühjahrsschnitt	sehr gute Bienenweide Blütenstände auch zum Schnitt geeigne Sorte 'Red Feather' empfehlenswert
Kleiner Wiesenknopf *Sanguisorba minor*		trockener Boden	grünlich-rot Blütezeit V–VIII 40 cm Höhe aufrecht Blattrosette	Keimdauer 14 Tage Saattiefe 1 cm Aussaat: IV–VIII anspruchslos	Blätter sehr aromatisch und essbar mit kräftigem Geschmac und Gurkennote Ernte vor der Blüte insektenfreundlich

sonnig · halbschattig · schattig

NAME		STANDORT	BLÜTE & WUCHS	AUSSAAT & PFLEGE	BESONDERHEIT
Echtes Labkraut *Galium verum*		trockener bis frischer Boden	gelb Blütezeit V–IX 40–50 cm Höhe aufrecht bis überhängend	Aussaat einfach leicht bedecken Aussaat: III–VI Frühjahrsschnitt	Dauerblüher mit starkem Honigduft tolle Fernwirkung durch gelbe Blütenwolken
Purpur-Königskerze *Verbascum phoenicium*		trockener bis frischer Boden	violett Blütezeit V–VI 30–45 cm Höhe aufrecht, Blattrosette	Aussaat einfach nicht bedecken Aussaat: III–V Sommerrückschnitt	oft kurzlebig, samt sich aber bereitwillig aus und wandert so durch den Topfgarten
Gewöhnlicher Wundklee *Anthyllis vulneraria*		trockener bis frischer Boden	goldgelb Blütezeit V–VII 20–30 cm Höhe aufrecht bis überhängend	keimt unregelmäßig leicht bedecken Aussaat: II Sommerrückschnitt	Unterart *coccinea* aus Südeuropa blüht orangerot auch wertvoll für Insekten anspruchslos
Schwertblättriger Alant *Inula ensifolia*		trockener bis frischer Boden	gelb Blütezeit VII–VIII 20 cm Höhe aufrecht kompakt	Aussaat einfach leicht bedecken Aussaat: III–V Sommerrückschnitt	niedrige Sorte kaufen, z. B. 'Compacta' gute Bienenweide große leuchtende Blüten auch noch im Spätsommer
Knollen-Platterbse *Lathyrus tuberosus*		trockener bis frischer Boden	fuchsia Blütezeit VI–VIII 50–70 cm Höhe niederliegend, rankend	keimt unregelmäßig Saattiefe 2 cm Aussaat: II Samen vorquellen Sommerrückschnitt	große leuchtende Blüten mit guter Fernwirkung und Anziehungskraft für Insekten

5 l Volumen, 20 cm Ø — 11 l Volumen, 28 cm Ø — 25 l Volumen, 35 cm Ø

WILDBLUMEN FÜR KINDER

Kinder lieben Wildblumengärten! Das Beobachten der bunten Blumen und ihrer summenden und krabbelnden Besucher ist für viele ein großer Spaß. Außerdem bieten die Wildblumen in den Töpfen eine prima Gelegenheit, Naturschutz von klein auf zu lernen.

Ein bunter Strauß Freude

Ein wilder Topfgarten, der auch die Kleinsten in seinen Bann ziehen soll, braucht Blumen, die viele Blüten bilden und sich gut für Sträuße eignen. Denn Kinder lieben es, Blumen zu pflücken und die Wohnung damit zu schmücken. Gefragt sind also Arten, die sich gut in der Vase halten und das Pflücken der Blüten mit reichem Neuaustrieb von Knospen belohnen. Wenn es dann noch etwas zu ernten gibt – umso besser! Stark giftige Pflanzen haben auf einem Balkon für Kinder selbstverständlich nichts verloren. Je nach Alter kann es aber durchaus sinnvoll sein, Kindern beizubringen, dass es leckere Pflanzen gibt, andere dagegen ungenießbar sind. Gute Stauden für Kinder sind zum Beispiel die Gewöhnliche Grasnelke (s. S. 46),

Kindern macht es Spaß, ihre eigenen Töpfe zu säen. Am besten auch schnell keimende einjährige Arten wie die Kornblume mit ausbringen, damit es zeitnah etwas zu sehen gibt und die kleinen Wildblumengärtner ein Sträußchen pflücken können.

die Wiesen-Flockenblume (s. S. 51), die Heide-Nelke (s. S. 48), die Acker-Witwenblume (s. S. 61) und das Gänseblümchen.
Diese Arten locken auch eine Vielzahl von Insekten an, schließlich ist es für Kinder besonders spannend, wenn sich in den Töpfen etwas bewegt. Das Beobachten von Schmetterlingen, Hummeln und Käfern bringt den kleinen Naturforschern die Bedeutung der Artenvielfalt nahe. Nur was wir kennen, können wir lieben und beschützen! Gerade für Stadtkinder, die keine artenreiche Wiese vor der Haustüre haben, ist es toll, dieses Biotop wenigstens in abgespeckter Version auf dem Balkon nachzuempfinden.
Mit großer Begeisterung sind Kinder dabei, wenn sie ihren eigenen Topf mit Wildblumen ansäen und beobachten können, was sich daraus entwickelt. Hierfür eignen sich alle ungiftigen einjährigen Wildblumen, wie zum Beispiel Acker-Ringelblume oder Kornblume, die sich schnell bis zur Blüte entwickeln und so den kleinen Topfgärtnern nicht zu viel Geduld abverlangen. Der eigene Wildblumentopf ist auch eine prima Gelegenheit, wie Kinder den Kreislauf der Natur im Jahresverlauf kennenlernen können: vom Aussäen bis zur Blüte, von der Bestäubung bis zu den Samen. Dann folgt die Winterruhe, bis im Frühjahr die Samen des Vorjahres wieder loslegen.

Insekten aus der Dose

Damit es im Wildblumengarten spannend bleibt und immer genug los ist, können Sie mit Ihrem Kind ein einfaches Insektenhotel basteln. Dafür benötigen Sie eine Konservendose und Schilfhalme oder Bambusröhrchen mit drei bis neun Millimeter Hohlraum-Durchmesser. Die Röhrchen werden auf Länge der Konservendose geschnitten und dicht an dicht in die Dose gepackt. Der Schnitt erfolgt hinter dem Knoten, damit das Röhrchen eine »Rückwand« hat. Bitte darauf achten, dass die Schnitte sauber sind, der Eingang in das Röhrchen muss schön glatt sein, damit die zarten Flügel der Bewohner keinen Schaden nehmen. Wer will, kann die Dose von außen mit einer wetterfesten umweltfreundlichen Farbe gestalten. Ein Draht oder eine Schnur dienen als Befestigung.

Gänseblümchensalat

Viele Wildblumen schmecken gut und sind gesund. Bestes Beispiel: ein Gänseblümchensalat! Die meisten Kinder lieben Gänseblümchen und haben Spaß beim Sammeln. Allzu viel braucht es auch gar nicht! Einfach eine Handvoll Gänseblümchen-Blüten und -Blätter mit drei Handvoll in Stücke gezupftem Blattsalat vermengen, alles waschen und gut trocken schütteln. Dann mit einem einfachen Essig-Öl-Dressing übergießen. Wer mag, kann noch etwas Käse würfeln und in den Salat geben. Fertig ist der blumige Leckerbissen!

KÜHLES BLAU

Beruhigende Pflanzungen in den Farben Blau bis Lila kommen besonders gut in den Morgen- oder Abendstunden zur Geltung. Passend dazu gibt es in der Natur viele blaue Blumen, die ihre Blüten vormittags geöffnet haben, um sie dann zur Mittagszeit schon wieder zu schließen. Die blauen Blumenkombinationen erzeugen Tiefe und sind deswegen sehr gut für kleine Balkone geeignet. Besonders schön harmonieren die blauvioletten Schönheiten mit dem saftigen Grün der Blätter. Das ist für den wilden Topfgarten toll, denn manche Blumen haben eine kürzere Blütezeit, bilden dann aber mit ihrem Blattwerk einen passenden Hintergrund. Reinblaue Wildblumen sind eher selten, oft gehören sie zu den Frühlingsblühern und viele von ihnen wachsen im Schatten. Im sehr schattigen Topfgarten werden die blauen Blumen mit weißen Sorten kombiniert.

Für eine Zinkwanne à 70 l Inhalt (Schatten)

1. Aquilegia vulgaris
2. Ajuga reptans (s. S. 58)
3. Campanula trachelium (s. S. 58, 2×)
4. Centaurea montana (s. S. 56)
5. Lithospermum purpurocaeruleum
6. Cymbalaria muralis (s. S. 63)
7. Knautia sylvatica (s. S. 61)
8. Myosotis sylvatica (s. S. 61, 2 ×)
9. Glechoma hederacea

Die Seitenangaben verweisen auf die Pflanzenporträts in Kapitel 2, alle anderen Stauden s. Tabelle S. 92–93.

Für einen Balkonkasten mit 80 cm Länge und 25 l Inhalt (Sonne & trocken)

1. Ajuga genevensis
2. Aster alpinus
3. Allium lusitanicum (s. S. 44)
4. Acinos alpinus (s. S. 55)
5. Campanula glomerata
6. Linum perenne (s. S. 55)

Für einen Topf mit 30 cm Höhe und 30 cm Durchmesser (Sonne)

1. Campanula glomerata
2. Veronica teucrium
3. Prunella grandiflora

KÜHLES BLAU

Der blaue Topfgarten ist im Halbschatten besonders schön, denn dann entfalten die Farben von dunklem Blauviolett bis hin zu Himmelblau eine besondere Leuchtkraft. Unterstützt werden kann das besondere Farbenspiel von weißen Blumen (s. S. 98), das verstärkt die Wirkung. Zur vollen Entfaltung des Effekts einer einfarbigen Pflanzung bitte mindestens drei mittlere bis große Gefäße verwenden. Ein einzelner Topf erzielt hier keine Wirkung.

NAME		STANDORT	BLÜTE & WUCHS	AUSSAAT & PFLEGE	BESONDERHEIT
Großer Ehrenpreis *Veronica teucrium*		trockener bis frischer Boden	blau Blütezeit V–VIII 30 cm Höhe aufrecht	Aussaat einfach leicht bedecken Aussaat: III–V	auch empfehlenswert: Sorten mit großer Leuchtkraft, z. B. 'Knallblau' oder 'Königsblau'
Genfer Günsel *Ajuga genevensis*		trockener Boden	dunkelblau Blütezeit V–VII 25 cm Höhe Polster, Blüten aufrecht	Aussaat einfach leicht bedecken Aussaat: II Rückschnitt nach der Blüte	Hummelpflanze schöner dunkelgrüner Blattschmuc
Gundermann *Glechoma hederacea*		trockener bis frischer Boden	violettblau Blütezeit III–IV 20 cm Höhe Polster, Blüten aufrecht	Kaltkeimer Saattiefe 0,5 cm Aussaat: IX Ausläufer eindämmen	robuster Alleskönne gute Hummelpflanz Frühblüher

☼ sonnig ◐ halbschattig ● schattig

NAME	STANDORT	BLÜTE & WUCHS	AUSSAAT & PFLEGE	BESONDERHEIT
Gemeine Akelei *Aquilegia vulgaris* 	frischer bis feuchter Boden	blau Blütezeit V–VII 40–60 cm Höhe aufrecht	Aussaat einfach leicht bedecken Aussaat: II	grazile Erscheinung mit Platzbedarf wegen tiefer Wurzeln
Purpurblauer Steinsame *Lithospermum purpuro-caeruleum* 	trockener bis frischer Boden	blau Blütezeit IV–VI 25 cm Höhe Polster	Kaltkeimer Saattiefe 1 cm Aussaat: IX	verändert die Blütenfarbe von Violett zu Blau gute Unterpflanzung von Gehölzen im Kübel
Alpenaster *Aster alpinus* 	trockener bis frischer Boden	hellviolett Blütezeit V–VI 30 cm Höhe aufrecht	Aussaat einfach nur andrücken Aussaat: IV–V Sommerschnitt	besondere Farbe Wildform bevorzugen Wildbienenpflanze
Knäuel-Glockenblume *Campanula glomerata* 	trockener bis frischer Boden	violettblau Blütezeit V–VIII 40 cm Höhe aufrecht	Aussaat einfach nur andrücken Aussaat: IV–V Sommerrückschnitt	gute Schnittblume sehr robust und einfach in der Haltung verträgt aber keine Staunässe!
Große Braunelle *Prunella grandiflora* 	trockener bis frischer Boden	violett Blütezeit VI–IX 15 cm Höhe Polster	Aussaat einfach leicht bedecken Aussaat: II Sommerrückschnitt	dauerblühende Hummelpflanze anspruchslos

5 l Volumen, 20 cm Ø   11 l Volumen, 28 cm Ø   25 l Volumen, 35 cm Ø

SANFTE FARBEN

Die Wahl für den romantischen Balkon! Zarte Blumen in Pastelltönen lassen den Topfgarten sanft und lieblich erscheinen. Sie sind nicht so auffallend wie die Leuchtfarben und wirken zurückhaltender. Dabei verströmen diese hellen Farben Unbeschwertheit und Harmonie. Blüten in Creme, Blassblau, Rosa, Weiß und Lila sind die typischen Farben des romantischen Gartens und verleihen auch dem Topfgarten einen verträumten Charme.

Pastellfarben sind gut für halbschattige Standorte geeignet, da sie auch mit wenig Licht leuchten. Pflanzen für den Schatten besitzen meist saftig grüne Blätter. Ein besonderer Anblick sind aber die Pastelltöne der Blüten kombiniert mit Blattwerk in Grau oder Graugrün. Diese Blattfarben kommen meist durch Behaarung zustande und zeichnen vor allem die trockenheitsliebenden Pflanzen für den sonnigen Standort aus.

Für eine Zinkwanne à 70 l Inhalt

1. Salvia glutinosa
2. Knautia sylvatica (s. S. 61)
3. Phyteuma spicatum
4. Astrantia major (s. S. 28)
5. Vicia grandiflora
6. Melica ciliata
7. Succisa pratensis
8. Pulmonaria officinalis (s. S. 57)
9. Antennaria dioica (s. S. 47, 2×)
10. Achillea ptarmica

Die Seitenangaben verweisen auf die Pflanzenporträts in Kapitel 2, alle anderen Stauden s. Tabelle S. 98–99.

Für einen Balkonkasten mit 80 cm Länge und 25 l Inhalt

1. Plantago media
2. Koeleria glauca
3. Scabiosa canescens
4. Linum perenne (s. S. 55)
5. Gypsophila repens, rosa (s. S. 29)
6. Gypsophila repens, weiß (s. S. 29)

Für einen Topf mit 30 cm Höhe und 30 cm Durchmesser

1. Linum perenne (s. S. 55)
2. Armeria maritima (s. S. 46)
3. Gypsophila repens, weiß (s. S. 29, 2×)

SANFTE FARBEN

Bei diesen Pflanzungen in Pastelltönen von Rosa über Lila bis zu Blassgelb bietet es sich an, lieber etwas mehr von allem zu setzen. Denn die Blumen mit den zurückhaltenden Farben vertragen gut und gerne etwas mehr Fülle, um zu ihrer ganzen Attraktivität aufzublühen. Es können alle Pflanzen miteinander kombiniert werden, solange es bei den hellen Tönen bleibt. Selbstverständlich sollten nur Arten mit denselben Standortansprüchen gemeinsam in ein Gefäß gepflanzt werden.

NAME		STANDORT	BLÜTE & WUCHS	AUSSAAT & PFLEGE	BESONDERHEIT
Klebriger Salbei *Salvia glutinosa*		frischer bis feuchter Boden	blassgelb Blütezeit VII–X 40–60 cm Höhe aufrecht	Aussaat einfach Saattiefe 0,5 cm Aussaat: III–V Frühjahrsrückschnitt	einziger gelb blüher der Salbei Spätblüher mit Platzbedarf
Gewöhnlicher Teufelsabbiss *Succisa pratensis*		feuchter Boden	hellviolett Blütezeit VII–X 50 cm Höhe aufrecht	Kaltkeimer Saattiefe 1 cm Aussaat: IX	kugelrunde Blütenstände liebt nährstoffarme leicht sauren Boden
Mittlerer Wegerich *Plantago media*		trockener bis frischer Boden	rosa Blütezeit V–IX 30 cm Höhe aufrecht, Blattrosette	Aussaat einfach leicht bedecken Aussaat: III–IV Sommerrückschnitt	beliebte Pollenpflanze für Wildbienen Blätter sind wie bei anderen Wegerich-Arten essbar

sonnig   halbschattig   ● schattig

AME		STANDORT	BLÜTE & WUCHS	AUSSAAT & PFLEGE	BESONDERHEIT
roßblütige Vicke *'icia randiflora*		trockener bis frischer Boden	blassgelb Blütezeit V–VI 50 cm Höhe aufrecht, überhängend	keimt unregelmäßig Saattiefe 2 cm Aussaat: II Sommerrückschnitt	heimisch in Österreich, sonst eingewandert besondere Farbe lässt Blüten wie kleine Gespenster erscheinen
umpf-chafgarbe *chillea tarmica*		frischer bis feuchter Boden	weiß Blütezeit VI–IX 40–50 cm Höhe aufrecht	Aussaat einfach leicht bedecken Aussaat: III–IV Sommerrückschnitt	vielseitig einsetzbar wächst auch in trockeneren Töpfen gute Schnittblume
hrige eufelskralle *'hyteuma picatum*		frischer Boden	grünlichweiß Blütezeit V–VI 50 cm Höhe aufrecht	keimt unregelmäßig nur andrücken Aussaat: II–III	essbare Blüten als ausgefallene Salatdekoration verwenden beliebt bei Faltern, Bienen, Käfern
laugrünes chillergras *'oeleria glauca*		trockener bis frischer Boden	grün-braun Blütezeit VI–VIII 30 cm Höhe aufrecht, horstig	Aussaat einfach nicht bedecken Aussaat: III–IV Frühjahrsschnitt	Ziergras mit schöner bläulicher Blattfärbung und kompaktem Wuchs
uft-Skabiose *cabiosa anescens*		trockener bis frischer Boden	hellviolett Blütezeit VII–XI 40–50 cm Höhe aufrecht	Aussaat einfach nicht bedecken Aussaat: III–IV Frühjahrsschnitt	duftende Blume, die im Spätsommer Nahrung für Schmetterlinge und Wildbienen bietet

5 l Volumen, 20 cm Ø 11 l Volumen, 28 cm Ø 25 l Volumen, 35 cm Ø

GANZ IN WEISS

Die Kombination aus Weiß und Grün ist der Klassiker der Eleganz! Ein Topfgarten, der ausschließlich mit weiß blühenden Pflanzen gestaltet ist, vermittelt Ruhe und Harmonie. Er ist besonders gut für kleine Balkone geeignet, denn die Beschränkung auf die Farbe Weiß kann den zur Verfügung stehenden Platz größer erscheinen lassen. Außerdem bringen die vorgeschlagenen Pflanzkombinationen Helligkeit in dunkle Bereiche, die Töpfe können also auch in dunklen Ecken im Garten platziert werden oder auf einem schattigen Balkon. Der weiße Garten hat noch weitere Vorteile: Unter den weißen Blumen sind viele duftende Schönheiten. Und keine Sorge, die Einfarbigkeit ist keineswegs langweilig. Im Gegenteil, sie bietet in der Gestaltung eine unglaubliche Vielfalt, denn die Auswahl an einheimischen Wildpflanzen mit weißen Blüten ist am größten.

Für eine Zinkwanne à 70 l Inhalt (halbschattig)

1. Astrantia major (s. S. 28)
2. Galium odoratum (s. S. 30)
3. Lamium album (s. S. 31)
4. Stellaria holostea (s. S. 28, 2×)
5. Campanula rotundifolia, weiß
6. Stachys recta
7. Silene latifolia
8. Dianthus deltoides, weiß (s. S. 48, 2×)

Die Seitenangaben verweisen auf die Pflanzenporträts in Kapitel 2, alle anderen Stauden s. Tabelle S. 100–101.

Für einen Balkonkasten mit 80 cm Länge und 25 l Inhalt (sonnig bis halbschattig)

1. Saxifraga paniculata
2. Trifolium montanum
3. Silene vulgaris (s. S. 30)
4. Thymus praecox, weiß
5. Nepeta cataria
6. Dianthus deltoides, weiß (s. S. 48)

Für einen Topf mit 30 cm Höhe und 30 cm Durchmesser (halbschattig)

1. Anemone sylvestris
2. Dianthus deltoides, weiß (s. S. 48)
3. Galium album

GANZ IN WEISS

Hier finden Sie eine Auswahl weißer Pflanzen für den edlen Topfgarten. Die weißen Blumen bringen Helligkeit auf den dunkleren Balkon oder in halbschattige Ecken. Deswegen finden Sie hier Pflanzen, die allesamt im Halbschatten gedeihen. Wenn Sie möchten, können Sie die weißen Töpfe auch mit Gestaltungen in Blau kombinieren. Die Farbkombination aus Blau und Weiß ist eine wunderschöne Möglichkeit, Ruhe und Anmut in den Topfgarten zu bringen.

NAME		STANDORT	BLÜTE & WUCHS	AUSSAAT & PFLEGE	BESONDERHEIT
Trauben-Steinbrech *Saxifraga paniculata*		trockener bis frischer Boden	cremeweiß Blütezeit V–VI 20 cm Höhe Polster, Blüten aufrecht	Kaltkeimer leicht bedecken Aussaat: XI	flexible Pflanze, di auch im Halbschatten sehr gut gedei sehr attraktive rosettenförmige Blätter
Frühlings-Thymian *Thymus praecox*		trockener, gut durchlässiger Boden	weiß Blütezeit V–VII 20 cm Höhe Polster	keimt unregelmäßig leicht bedecken Aussaat: III–IV Sommerrückschnitt	nur die Form 'Albiflorus' blüht weiß, sonst rosafarbene Blüten
Rundblättrige Glockenblume *Campanula rotundifolia*		trockener bis frischer Boden	weiß Blütezeit V–IX 20–40 cm Höhe aufrecht	Aussaat einfach nicht bedecken Aussaat: III–IV Frühjahrsschnitt	weiße Form 'Whit Gem' für weiße Pflanzungen, sons lila Wildform verwenden Wildbienenpflanz

sonnig halbschattig schattig

NAME		STANDORT	BLÜTE & WUCHS	AUSSAAT & PFLEGE	BESONDERHEIT
Aufrechter Ziest *Stachys recta*		trockener bis frischer Boden	cremeweiß Blütezeit VI–X 40–50 cm Höhe aufrecht	keimt unregelmäßig leicht bedecken Aussaat: II Frühjahrsschnitt	sehr schöner Dauerblüher die Blüten sind auch bei Wildbienen beliebt
Echte Katzenminze *Nepeta cataria*		trockener bis frischer Boden	weiß Blütezeit VII–X 40–60 cm Höhe aufrecht, buschig	Aussaat einfach leicht bedecken Aussaat: II Frühjahrsschnitt	Duft der Pflanze ist bei Katzen beliebt sehr gute Bienenweide, die spät im Jahr noch Nektar bietet
Weißes Labkraut *Galium album*		trockener bis frischer Boden	weiß Blütezeit V–IX 40–70 cm Höhe aufrecht, überhängend	Aussaat einfach nicht bedecken Aussaat: III–IV Sommerrückschnitt	schöne weiße Blütenwolken mit feinem Honigduft die kleinen Blüten sind essbar
Großes Windröschen *Anemone sylvestris*		trockener bis frischer Boden	weiß Blütezeit IV–VI 20–30 cm Höhe aufrecht	Aussaat einfach nicht bedecken Aussaat: III–IV Sommerrückschnitt	sehr große Blüten, die nach Honig duften häufige Nachblüte im September
Berg-Klee *Trifolium montanum*		trockener bis frischer Boden	weiß Blütezeit VI–VII 20–40 cm Höhe aufrecht	Aussaat einfach leicht bedecken Aussaat: III–IV Sommerrückschnitt	schöne kugelige Blütenstände, die mit ihrem Nektar eine Vielzahl von Insekten anlocken

5 l Volumen, 20 cm Ø — 11 l Volumen, 28 cm Ø — 25 l Volumen, 35 cm Ø

MINI-BLUMENWIESEN

Holen Sie sich die Sommerwiese mit ihren summenden Blütenbesuchern und dem Duft nach Kräutern und Heu in Ihren Topfgarten! Bunt sind die Wiesen und die enthaltenen Gräser erschaffen ein verspieltes und gleichzeitig wildes Ensemble. Die Mini-Blumenwiese wird wie eine echte Wiese im Juni gemäht, das heißt, wir greifen einmal beherzt zur Schere und kürzen die Stauden und Gräser bis auf eine Handbreit zurück. Dann wird uns die Wiese im Topf mit einer zweiten Blüte im Spätsommer erfreuen und wir können tatsächlich den Blumenschnitt antrocknen lassen und den Heuduft genießen. Diese Pflanzkombinationen sind besonders gut für sonnige Standorte geeignet, sie gedeihen aber auch im Halbschatten. In einer Blumenwiese können unterschiedlichste Pflanzen kombiniert werden, sodass von Käfer bis Schmetterling alle etwas von den Blüten haben.

Für eine Zinkwanne à 70 l Inhalt (sonnig)

1. Anthoxanthum odoratum (s. S. 43)
2. Festuca ovina
3. Melica ciliata
4. Achillea millefolium
5. Geranium pratense (s. S. 62)
6. Leucanthemum vulgare (s. S. 31)
7. Pimpinella saxifraga
8. Galium verum (s. S. 87)
9. Agrimonia eupatoria
10. Plantago lanceolata
11. Veronica chamaedrys

Die Seitenangaben verweisen auf die Pflanzenporträts in Kapitel 2, alle anderen Stauden s. Tabelle S. 104–105.

Für einen Balkonkasten mit 80 cm Länge und 25 l Inhalt (sonnig)

1. Briza media
2. Anthoxanthum odoratum
3. Dianthus deltoides (s. S. 48)
4. Lotus corniculatus (s. S. 39)
5. Silene vulgaris (s. S. 30)
6. Campanula rotundifolia (s. S. 59)

Für einen Topf mit 30 cm Höhe und 30 cm Durchmesser (sonnig)

1. Anthoxanthum odoratum
2. Dianthus carthusianorum (s. S. 49)
3. Campanula rotundifolia (s. S. 59)
4. Lotus corniculatus (s. S. 39)

MINI-BLUMENWIESEN

Die gepflanzten Mini-Blumenwiesen können mit ihrer wilden Erscheinung unordentlich wirken, wenn sie auf zu engem Raum untergebracht sind. Besonders gut geeignet sind die kleinen Blumenwiesen in Töpfen also für Balkone und Terrassen, die Raum für solche ausladenden Pflanzungen bieten. Wer auf den natürlichen Charme der Wildblumen steht, wird allerdings auch auf dem kleinen Balkon die scheinbare Unordnung lieben und sich in dem kleinen Paradies wohlfühlen.

NAME		STANDORT	BLÜTE & WUCHS	AUSSAAT & PFLEGE	BESONDERHEIT
Gewöhnliche Schafgarbe *Achillea millefolium*		sonnig, halbschattig; trockener bis frischer Boden	weiß Blütezeit VI–VIII 40–50 cm Höhe aufrecht	Aussaat einfach nur andrücken Aussaat: III–V Sommerrückschnitt	samt sich reichlich aus, überzählige Keimlinge entfernen gute Teepflanze
Kleine Bibernelle *Pimpinella saxifraga*		sonnig; trockener bis frischer Boden	weiß Blütezeit VII–VIII 40 cm Höhe aufrecht	Aussaat einfach nur andrücken Aussaat: III–V Sommerrückschnitt	frische, junge Blätte im zeitigen Frühjahr für Saucen, Salate, Kräuterbutter nutzbar stoffwechselaktivierend
Echter Schafschwingel *Festuca ovina*		sonnig; trockener Boden	grün Blütezeit V–VI 45 cm Höhe aufrecht, horstig	Aussaat einfach nur andrücken Aussaat: III–V Sommerrückschnitt	trockenheitsresistentes Gras, das Winternässe gut verträgt sehr gut geeignet fü Töpfe

sonnig   halbschattig   ● schattig

NAME		STANDORT	BLÜTE & WUCHS	AUSSAAT & PFLEGE	BESONDERHEIT
Gewöhnliches Zittergras *Briza media*		trockener Boden	grün-rot Blütezeit V–VI 30 cm Höhe aufrecht, horstig	Aussaat einfach nur andrücken Aussaat: III–V Sommerrück-schnitt	sehr attraktives Gras mit Blütenständen, die sich bei jedem Lufthauch bewegen für Sträuße geeignet
Wimper-Perlgras *Melica ciliata*		trockener bis frischer Boden	braun Blütezeit VI–VII 30 cm Höhe aufrecht, horstig	Aussaat einfach nur andrücken Aussaat: III–V Sommerrück-schnitt	wunderschöne Ähren, die in der Sonne silbrig glänzen ansprechende grau-grüne Blattfarbe
Gamander-Ehrenpreis *Veronica chamaedrys*		trockener bis frischer Boden	hellblau Blütezeit V–VII 20 cm Höhe Polster, kriechend	Aussaat einfach nur andrücken Aussaat: III–V Sommerrück-schnitt	hübsche himmel-blaue Blüten als Dekoration für Salat oder Süßspeisen verwenden lockt kleine Tagfalter an
Kleiner Odermennig *Agrimonia eupatoria*		trockener bis frischer Boden	gelb Blütezeit VI–VIII 50 cm Höhe aufrecht, Blattro-sette	Aussaat einfach Saattiefe 1 cm Aussaat: II Sommerrück-schnitt	wohlriechende Pflanze mit Duft nach Zitrusfrüchten bei Wild- und Honigbienen sowie Schwebfliegen beliebt
Spitzwegerich *Plantago lanceolata*		trockener bis frischer Boden	braun-weiß Blütezeit V–XI 30 cm Höhe aufrecht, Blattro-sette	Aussaat einfach leicht bedecken Aussaat: III–V Sommerrück-schnitt	sehr wichtige Pflanze für die Balkonwiese, die über Monate Pollen für fleißige Bienen bietet

5 l Volumen, 20 cm Ø — 11 l Volumen, 28 cm Ø — 25 l Volumen, 35 cm Ø

SUPERFOOD AUS DER NATUR

Wildblumen sind nicht nur schön und nützlich für die Tierwelt, sie bieten auch ein reichhaltiges Angebot an genießbaren Pflanzen für die Küche. Als Gewürze, Tee oder Gemüse bereichern sie jede kreative Küche mit ihren besonderen Aromen.

Grüne Schätze im Topfgarten

Es gibt sie überall zur freien Verfügung und sie sind ausgesprochen gesund. Laut Wildpflanzenexperte Jürgen Fleischhauer enthalten wilde Blattgemüse meist weitaus mehr gesunde Inhaltsstoffe als unser Kulturgemüse (s. Tabelle rechts). Aufgrund ihres hohen Gehalts an Mineralstoffen oder Vitaminen können wir sie sogar getrost als Superfood bezeichnen. Zusätzliches Plus bei einigen Pflanzen: die Bitterstoffe. Für manche vielleicht etwas gewöhnungsbedürftig, doch es lohnt sich durchaus, ab und an ein bitteres Pflänzchen in den Salat zu mischen. Denn Bitterstoffe sind gesund. Sie unterstützen die Verdauung, indem sie die Speichelproduktion anregen und die Tätigkeit von Leber, Galle und Bauchspeicheldrüse in Schwung bringen. Das hilft insbesondere bei der Fettverdauung, gleichzeitig nimmt der Heißhunger auf Süßes ab.

Aus vielen essbaren Wildpflanzen können Sie mit den passenden Nüssen oder Kernen ein gesundes schmackhaftes Pesto herstellen. Wer es lieber knackig mag, wertet mit einigen Blättern oder Blüten vom Löwenzahn den Salat auf.

PFLANZENART	EISEN (MG/100 G)	KALZIUM (MG/100 G)	MAGNESIUM (MG/100 G)	VITAMIN C (MG/100 G)
Spinat	4,1	126	58	52
Kopfsalat	1,1	37	11	13
Grünkohl	1,9	212	31	105
Vogelmiere	8,4	80	39	115
Löwenzahn	1,2	50	23	115
Brennnessel	7,8	630	71	333

Wir können aber auch auf Wildpflanzen für die Küche zurückgreifen, die jedem schmecken und trotzdem gesund sind. So zum Beispiel die Vogelmiere: Nur ein paar Stängel geben Sauce oder Salat ein feines Aroma und steuern obendrein eine gute Portion Vitamin C und Kalzium bei. Nicht zuletzt können wir die Wildblumen für die ästhetische Aufwertung des angerichteten Tellers verwenden und Salate, Suppen und Desserts mit essbaren Blüten in allen Farben dekorieren. Dafür gut geeignet sind die Blüten von Veilchen, Gänseblümchen, Wegwarte, Rosen, Klee oder Kornblumen. Die Blüten lassen sich auch gut trocknen und verschönern dann selbst gemachte Teemischungen. Viel Spaß in der farbenfrohen Küche!

Brennnesselpesto

Für diese gesunde Pesto-Variante wird ein dickes Bund frische hellgrüne Brennnesseltriebe benötigt. Die Triebe waschen, trocken schütteln und grob zerkleinern. Währenddessen 50 g Sonnenblumenkerne in einer Pfanne ohne Fett bei mittlerer Hitze goldbraun rösten. Die zerkleinerten Brennnesseltriebe mit 2 Esslöffeln Olivenöl und 1 geschälten Knoblauchzehe in einen hohen Rührbecher oder in den Mixbehälter geben und mit dem Pürierstab oder im Mixer fein pürieren. Dann die Sonnenblumenkerne hinzufügen und kurz untermixen, sodass die Kerne noch Biss haben. Das Pesto mit dem Saft ½ Zitrone sowie mit etwas Salz und Pfeffer abschmecken. Das Rezept ist vegan, wer möchte, kann aber mit den Kernen noch 30 g Pecorino zum Pesto geben und kurz untermixen. Oder den Käse direkt beim Servieren darüberreiben. Guten Appetit!

BLÜTEN IN HÜLLE UND FÜLLE

Die Dauerbrenner unter den Wildpflanzen! Diese Stauden, die durch ihre lange Blütezeit überraschen, sind für sonnige Standorte geeignet. Dann blühen sie ausdauernd über mehrere Monate, locken in dieser Zeit viele Insekten an und lassen Balkon oder Terrasse bunt leuchten. Die Dauerblüher gibt es in jeder Farbe: Von Blau über Gelb, Pink oder Weiß ist alles dabei. Für ein anhaltendes Farbspektakel im Topfgarten ist mit diesen Pflanzvorschlägen also gesorgt. Besonders bei den Wildformen der Nelken gibt es viele Arten, die ausdauernd und farbenfroh blühen. Auch bei den Wildpflanzen bietet es sich an, Verblühtes auszuputzen, damit keine Samen gebildet werden. Dann blühen die Blumen noch länger und üppiger. Im Spätsommer ist es dann Zeit, die Samen ausreifen zu lassen, sodass der Kreislauf der Natur sich wieder schließen kann.

Für eine Zinkwanne à 70 l Inhalt (sonnig)

1. Tanacetum parthenium
2. Alyssum montanum
3. Anthemis tinctoria (s. S. 34)
4. Alchemilla glaucescens
5. Anchusa officinalis
6. Corydalis lutea
7. Hypochaeris radicata
8. Dianthus deltoides (s. S. 48)
9. Geranium sanguineum (s. S. 41)
10. Stachys officinalis (s. S. 48)

Die Seitenangaben verweisen auf die Pflanzenporträts in Kapitel 2, alle anderen Stauden s. Tabelle S. 110–111.

Für einen Balkonkasten mit 80 cm Länge und 25 l Inhalt (sonnig)

1. Asperula cynanchica
2. Dianthus deltoides (s. S. 48)
3. Armeria maritima (s. S. 46)
4. Corydalis lutea
5. Silene nutans
6. Hypochaeris radicata

Für einen Topf mit 30 cm Höhe und 30 cm Durchmesser (sonnig)

1. Asperula cynanchica
2. Dianthus deltoides (s. S. 48)
3. Dianthus carthusianorum (s. S. 49)
4. Dianthus superbus (s. S. 50)

BLÜTEN IN HÜLLE UND FÜLLE

Diese Pflanzen passen in jeden Topfgarten, in dem der Fokus auf lang anhaltendem Blütenflor liegt. Um zahlreiche Blüten zu bilden, brauchen die Stauden viel Licht und sind darum für sonnige Standorte geeignet. Dauerblühende Wildblumen sind ein besonderes Geschenk für die Insektenwelt, denn sie bieten auch dann Nahrung, wenn die Hauptblüte in der Natur vorbei ist oder noch nicht begonnen hat. Topfgärten mit diesen bunten Wildblumen sind in ihrer Fülle wunderbar anzuschauen.

NAME		STANDORT	BLÜTE & WUCHS	AUSSAAT & PFLEGE	BESONDERHEIT
Mutterkraut *Tanacetum parthenium*		☀ trockener bis frischer Boden	weiß-gelb Blütezeit VI–IX 20–40 cm Höhe aufrecht	Aussaat einfach nicht bedecken Aussaat: III–V Frühjahrsschnitt	ursprünglich im östlichen Mittelmeerraum heimisch aber schon früh in Kloster- und Bauerngärten verwendet
Berg-Steinkraut *Alyssum montanum*		☀ trockener Boden	gelb Blütezeit III–V 15 cm Höhe Polster	Aussaat einfach nicht bedecken Aussaat: III–V Sommerschnitt	sehr frühe Blüte mit gutem Duft, die wichtig für die Insekten ist Alternative: Alyssum wulfenianum
Nickendes Leimkraut *Silene nutans*		☀ trockener bis frischer Boden	weiß Blütezeit V–VIII 20–40 cm Höhe aufrecht	Aussaat einfach nicht bedecken Aussaat: III–V Frühjahrsschnitt	sehr hübsche Nachtfalterblume, deren Blüten nachts ihren süßen Duft verströmen

☀ sonnig ◐ halbschattig ● schattig

NAME		STANDORT	BLÜTE & WUCHS	AUSSAAT & PFLEGE	BESONDERHEIT
Graugrüner Frauenmantel *Alchemilla glaucescens*		trockener Boden	gelbgrün Blütezeit VI–IX 15 cm Höhe aufrecht, buschig	Kühlkeimer nicht bedecken Aussaat: II Rückschnitt nach Blüte	Frauenmantel, der sehr gut für Töpfe geeignet ist kleiner Wuchs trockenheitsliebend, sonnenliebend
Gewöhnliche Ochsenzunge *Anchusa officinalis*		trockener bis frischer Boden	blau Blütezeit VI–IX 40–70 cm Höhe aufrecht, buschig	keimt unregelmäßig Saattiefe 0,5 cm Aussaat: II Sommerschnitt	ein Magnet für Wildbienen und Hummeln blaue Blütenrispen, die von unten nach oben aufblühen
Hügel-Meier *Asperula cynanchica*		trockener bis frischer Boden	weiß Blütezeit VI–IX 15 cm Höhe Polster	Aussaat einfach nicht bedecken Aussaat: III–V Frühjahrsschnitt	filigrane Pflanze, die als ausdauernder weißer Blütenteppich jeden Balkonkasten bereichert
Gelber Lerchensporn *Corydalis lutea*		trockener bis frischer Boden	gelb Blütezeit V–IX 20 cm Höhe buschig, aufrecht	Aussaat kompliziert leicht bedecken Aussaat: VII–IX keimt erst im Frühjahr	ursprünglich nur in den südlichen Kalkalpen beheimatet. anspruchslos und frohwüchsig
Gewöhnliches Ferkelkraut *Hypochaeris radicata*		trockener bis frischer Boden	gelb Blütezeit VI–X 30–50 cm Höhe aufrecht, Blattrosette	Aussaat einfach leicht bedecken Aussaat: III–V Frühjahrsschnitt	für manche ein Unkraut, für Insektenfreunde ein wahrer Segen: 32 Wildbienenarten sammeln hier nachgewiesenermaßen Pollen

5 l Volumen, 20 cm Ø   11 l Volumen, 28 cm Ø   25 l Volumen, 35 cm Ø

OASE FÜR SCHMETTERLINGE

Wer liebt sie nicht, die schwerelos wirkenden und bunt schillernden Verwandlungskünstler der Insektenwelt! Es gibt viele Wildblumen, deren Blüten an Schmetterlinge als Bestäuber angepasst sind. Oft verbergen sie ihren Nektar in tiefen Blütenröhren, sodass nur die Schmetterlinge mit den langen Rüsseln an die Leckerei heranreichen. Den Großteil der etwa 3700 einheimischen Schmetterlings-Arten machen übrigens die 3500 Nachtfalter-Arten aus. Viele Schmetterlingsblumen verströmen einen feinen Duft. Stauden für Nachtfalter sind meist weiß gefärbt und beginnen abends ihr süßes Parfüm zu verteilen. Sie sind somit gut geeignet für Balkone, die bei Feierabend zur Entspannung genutzt werden. Doch kein Schmetterling ohne Raupen! Günstig ist, wenn geeignete Futterpflanzen (Wilde Möhre, Petersilie, Brennnesseln) in der Nähe wachsen.

Für eine Zinkwanne à 70 l Inhalt (sonnig)

1. Sanguisorba officinalis (2×)
2. Saponaria officinalis
3. Scabiosa columbaria (s. S. 60)
4. Silene acaulis (2×)
5. Dianthus carthusianorum (s. S. 49)
6. Stachys monieri
7. Primula acaulis
8. Centaurea jacea (s. S. 51)
9. Silene dioica (s. S. 51)

Die Seitenangaben verweisen auf die Pflanzenporträts in Kapitel 2, alle anderen Stauden s. Tabelle S. 114–115.

Für einen Balkonkasten mit 80 cm Länge und 25 l Inhalt (sonnig)

1. Cardamine pratensis
2. Dianthus serotinus
3. Silene acaulis
4. Globularia punctata
5. Primula acaulis
6. Dianthus deltoides (s. S. 48)

Für einen Topf mit 30 cm Höhe und 30 cm Durchmesser (sonnig)

1. Silene acaulis
2. Stachys monieri
3. Dianthus carthusianorum (s. S. 49)
4. Sanguisorba officinalis

OASE FÜR SCHMETTERLINGE

Die meisten der hier genannten Stauden bevorzugen sonnige Standorte, denn ihre flatternden Besucher gehen mit Vorliebe in der Sonne auf Nahrungssuche. Viele der Pflanzen kommen aber auch im Halbschatten zurecht und werden dort in den sonnigen Stunden von Schmetterlingen aufgesucht. Seien Sie nicht ungeduldig: Zwar zeigen sich manche Schmetterlings-Arten schon in den ersten Frühlingstagen, andere schlüpfen dagegen im Sommer und kommen erst dann zu Ihnen geflogen.

NAME		STANDORT	BLÜTE & WUCHS	AUSSAAT & PFLEGE	BESONDERHEIT
Großer Wiesenknopf *Sanguisorba officinalis*		frischer bis feuchter Boden	dunkelrot Blütezeit VI–VIII 50–75 cm Höhe aufrecht, Blattrosette	Aussaat einfach Saattiefe 0,5 cm Aussaat: III–V Sommerschnitt	unentbehrlich für den Wiesenknopf-Ameisenbläuling auch sehr schön in Töpfen mit Wiesencharakter
Wiesen-Schaumkraut *Cardamine pratensis*		frischer bis feuchter Boden	blassviolett Blütezeit III–V 30–40 cm Höhe aufrecht, Blattrosette	Aussaat einfach nicht bedecken Aussaat: III–V Sommerschnitt	beliebt bei Aurorafalter und anderen Schmetterlingen junge Blätter können in der Küche verwendet werden
Echtes Seifenkraut *Saponaria officinalis*		frischer bis feuchter Boden	rosa Blütezeit VI–IX 40 cm Höhe aufrecht	Kaltkeimer leicht bedecken Aussaat: XI Sommerschnitt wüchsig, bei Bedarf eindämmen	verströmt abends und nachts einen süßen Duft und lockt Nachtfalter an sehr frohwüchsig, mit Platzbedarf

sonnig halbschattig ● schattig

NAME		STANDORT	BLÜTE & WUCHS	AUSSAAT & PFLEGE	BESONDERHEIT
Sandfedernelke *Dianthus serotinus*		trockener bis frischer Boden	weiß Blütezeit VII–X 30 cm Höhe aufrecht	Aussaat einfach leicht bedecken Aussaat: III–V Frühjahrsschnitt	seltene einheimische Pflanze aus dem pannonischen Raum Alternative aus Ostdeutschland: Dianthus arenarius
Echte Kugelblume *Globularia punctata*		trockener bis frischer Boden	violettblau Blütezeit IV–VI 20 cm Höhe aufrecht, Blattrosette	Aussaat einfach nicht bedecken Aussaat: III–V Sommerschnitt	bietet Nektar für beispielsweise das Grünwidderchen und den Grünen Zipfelfalter Achtung: giftig
Zwerg-Leimkraut *Silene acaulis*		frischer Boden	rosa Blütezeit V–VI 10 cm Höhe Polster	Aussaat einfach leicht bedecken Aussaat: III–V Rückschnitt nach der Blüte	sehr hübscher Bodendecker, der am richtigen Standort bereits früh im Jahr Nahrung für Schmetterlinge bietet
Dichtblütiger Ziest *Stachys monieri*		trockener bis frischer Boden	violett Blütezeit VI–VIII 40 cm Höhe aufrecht	Aussaat einfach Saattiefe 0,5 cm Aussaat: III–V Sommerschnitt	Blütenkerzen, die bei zeitigem Rückschnitt bis in den Oktober hinein Nahrung für Schmetterlinge bieten
Stängellose Schlüsselblume *Primula acaulis*		frischer Boden	hellgelb Blütezeit III–IV 10–20 cm Höhe aufrecht, Blattrosette	Kaltkeimer Saattiefe 0,5 cm Aussaat: XI	Wildform wählen, dann erfreuen gelbe Blüten die ersten Schmetterlinge in den allerersten warmen Tagen im Jahr

5 l Volumen, 20 cm Ø   11 l Volumen, 28 cm Ø   25 l Volumen, 35 cm Ø

EIN GARTEN FÜR WILDBIENEN

Schon bald brummt und summt es im Topfgarten! Diese Pflanzvorschläge sind besonders schön, wenn man sich ein Stückchen Natur nach Hause holen möchte und gerne nachhaltig handelt. Denn selbst ein kleiner Topfgarten kann wichtiger Bestandteil des Netzwerks Natur sein, wenn nur genug andere Gärtner mitmachen. So ergeben viele kleine Wildblumenparadiese auf Balkon und Terrasse dann auch wieder einen zusammenhängenden Lebensraum für Bienen und andere Insekten. Gemeinsam für die Zukunft pflanzen und die geflügelten Besucher beobachten – gerade Kinder sind begeistert, wenn sich im Topfgarten etwas bewegt. Die Auswahl der Pflanzen beinhaltet Arten, die von besonders vielen unterschiedlichen Wildbienen-Arten zum Sammeln von Pollen angeflogen werden, beim Hornschotenklee waren beispielsweise über fünfzig Arten nachzuweisen!

Für eine Zinkwanne à 70 l Inhalt

1. Helianthemum nummularium (s. S. 36)
2. Bellis perennis (2×)
3. Trifolium pratense
4. Campanula latifolia
5. Campanula persicifolia
6. Lotus corniculatus (s. S. 39)
7. Centaurea jacea (s. S. 51)
8. Ranunculus bulbosus
9. Veronica spicata (s. S. 54, 2×)

Die Seitenangaben verweisen auf die Pflanzenporträts in Kapitel 2, alle anderen Stauden s. Tabelle S. 118–119.

Für einen Balkonkasten mit 80 cm Länge und 25 l Inhalt

1. Lotus corniculatus (s. S. 39)
2. Bellis perennis
3. Campanula cochleariifolia
4. Campanula rotundifolia
5. Veronica spicata (s. S. 54)
6. Anthemis tinctoria (s. S. 34)

Für einen Topf mit 30 cm Höhe und 30 cm Durchmesser

1. Genista tinctoria
2. Linaria repens
3. Calamintha nepeta (s. S. 59)

EIN GARTEN FÜR WILDBIENEN

Töpfe mit Wildbienenblumen stehen am besten in sonnigen Bereichen oder zumindest im lichten Schatten. Denn die summenden Besucher fliegen am liebsten in der Sonne auf Futtersuche. Unter den vorgeschlagenen Pflanzen finden sich besonders viele Glockenblumen, da es unter den Wildbienen zahlreiche Arten gibt, die ihren Nachwuchs ausschließlich mit deren Pollen füttern. Sind keine Glockenblumen vorhanden, werden diese Arten auch nicht in der Nähe nisten.

NAME		STANDORT	BLÜTE & WUCHS	AUSSAAT & PFLEGE	BESONDERHEIT
Knolliger Hahnenfuß *Ranunculus bulbosus*		trockener bis frischer Boden	gelb Blütezeit V–VII 25 cm Höhe aufrecht	Kaltkeimer Saattiefe 0,5 cm Aussaat: XI Sommerschnitt	verdorrt nach der Samenreife, überdauert als Knolle sehr gute Wildbienenpflanze, 17 nachgewiesene Arten
Gänseblümchen *Bellis perennis*		frischer bis feuchter Boden	weiß Blütezeit III–XI 15 cm Höhe aufrecht, Blattrosette	Aussaat einfach nicht bedecken Aussaat: III–V kein Schnitt, ab und zu Blüten abknipsen	bietet die ganze Flugsaison über für mindestens sieben verschiedene Wildbienen-Arten Pollen Ausputzen vermehrt die Blüten
Wiesen-Klee *Trifolium pratense*		frischer bis feuchter Boden	rot Blütezeit V–IX 30–40 cm Höhe buschig	Aussaat einfach leicht bedecken Aussaat: III–V Sommerschnitt	typisch für die Blumenwiese beliebt bei 28 Wildbienen-Arten, darunter viele Hummeln

sonnig · halbschattig · schattig

AME		STANDORT	BLÜTE & WUCHS	AUSSAAT & PFLEGE	BESONDERHEIT
ärberginster *Jenista inctoria*		trockener Boden	goldgelb Blütezeit VI–VIII 20–50 cm Höhe aufrecht	Kaltkeimer Saattiefe 1–2 cm Aussaat: X–XII Frühjahrsschnitt	Halbstrauch, der im Topf kompakt wächst und Schmetterlinge und Wildbienen anzieht
3reitblättrige Glockenblume *Campanula atifolia*		mäßig trockener, frischer oder feuchter Boden	violett Blütezeit VI–VIII 50–80 cm Höhe aufrecht	Aussaat einfach nicht bedecken Aussaat: III–V	Glockenblumen-Scherenbiene sammelt hier ihren Pollen sehr anpassungsfähige Pflanze
Pfirsich-blättrige Glockenblume *Campanula persicifolia*		trockener bis frischer Boden	blau Blütezeit VI–VIII 40–50 cm Höhe aufrecht	Aussaat einfach nicht bedecken Aussaat: III–V	Glockenblume mit wenig Raumbedarf, kann auch als Lückenfüller verwendet werden spezialisierte Wildbienen-Arten
Streifen-Leinkraut *Linaria repens*		trockener bis frischer Boden	blasslila Blütezeit VI–IX 50 cm Höhe aufrecht	Aussaat einfach leicht bedecken Aussaat: III–V	an vielen Orten eingebürgert, einheimisch nur in den westlichsten Gebieten zart wirkende Wildbienenpflanze
Zwerg-Glockenblume *Campanula cochleariifolia*		trockener bis frischer Boden	hellblau Blütezeit VI–VIII 10 cm Höhe Polster	keimt unregelmäßig nicht bedecken Aussaat: II	wunderbare einheimische Polsterglockenblume mit bezaubernden hellblauen Blüten für die Höhenstaffelung im Topf

5 l Volumen, 20 cm Ø — 11 l Volumen, 28 cm Ø — 25 l Volumen, 35 cm Ø

ESSBARE WILDPFLANZEN

Wer nicht nur den Insekten Nahrung bieten möchte, sondern gerne auch selbst vom Wildblumenbalkon naschen will, findet hier die passenden Vorschläge. Es werden essbare Wildpflanzen unterschiedlichster Art kombiniert. Entweder sind die Blätter als Salat oder Gewürz zu verwenden oder die Blüten dienen als essbare Dekoration auf Salaten oder Desserts. In der Pflanzenbeschreibung ist jeweils der essbare Teil der Pflanze genannt. Natürlich darf auch die kleine wilde Schwester der Garten-Erdbeere nicht fehlen: Die Wald-Erdbeere gedeiht aber nur in Topfgärten, die keine volle Sonne abkriegen. Die Klassiker unter den essbaren Wildpflanzen, also Löwenzahn, Brennnessel, Vogelmiere und Co., kennt wahrscheinlich jeder. Falls genug Platz ist, kann ein Topf für diese gesunden Unkräuter reserviert werden, sie werden hier aber nicht extra vorgestellt.

Für eine Zinkwanne à 70 l Inhalt (sonnig bis halbschattig)

1. Myrrhis odorata
2. Diplotaxis tenuifolia
3. Cichorium intybus
4. Meum athamanthicum
5. Viola tricolor (s. S. 63)
6. Malva moschata (s. S. 49)
7. Origanum vulgare (s. S. 41)
8. Calamintha menthifolia (s. S. 60)
9. Myosotis sylvatica (s. S. 61)
10. Lamium album (s. S. 31)

Die Seitenangaben verweisen auf die Pflanzenporträts in Kapitel 2, alle anderen Stauden s. Tabelle S. 122–123.

Für einen Balkonkasten mit 80 cm Länge und 25 l Inhalt (halbschattig)

1. Myrrhis odorata
2. Diplotaxis tenuifolia
3. Calamintha menthifolia (s. S. 60)
4. Fragaria vesca
5. Allium carinatum
6. Viola tricolor (s. S. 63)

Für einen Topf mit 30 cm Höhe und 30 cm Durchmesser (sonnig bis halbschattig)

1. Allium flavum
2. Rumex scutatus
3. Stellaria holostea (s. S. 28)
4. Viola odorata (s. S. 56)

ESSBARE WILDPFLANZEN

Erstes Auswahlkriterium für die hier vorgestellten Pflanzen war natürlich die Attraktivität und Beliebtheit bei den einheimischen Insekten. Als zusätzlicher Bonus können dann auch noch Blüten, Blätter oder Früchte als Zutat in der Küche verwendet werden. Wer noch mehr Leckereien von seinem Balkon ernten möchte, kombiniert die Wildblumen am besten mit einem mediterranen Kräutertopf. Die duftenden Aromawunder sind bei uns winterhart und sehr beliebte Nektarspender.

NAME		STANDORT	BLÜTE & WUCHS	AUSSAAT & PFLEGE	BESONDERHEIT
Süßdolde *Myrrhis odorata*		trockener bis frischer Boden	weiß Blütezeit V–VI 80 cm Höhe aufrecht, buschig	keimt unregelmäßig Saattiefe 1 cm Aussaat: II Rückschnitt nach der Blüte	kann sehr ausladen werden Blätter und unreife Früchte haben ein feines Anis-Aroma (Gewürz, süße Knab berei)
Wilde Rauke *Diplotaxis tenuifolia*		trockener bis frischer Boden	gelb Blütezeit VII–IX 40 cm Höhe aufrecht	Aussaat einfach Saattiefe 0,5 cm Aussaat: III–V Frühjahrsschnitt	die Blätter, auch bekannt als Rucola, haben einen leckere nussigen Geschmac spät blühender Insektenmagnet, eingebürgert
Gewöhnliche Wegwarte *Cichorium intybus*		trockener bis frischer Boden	blau Blütezeit VII–IX 50–60 cm Höhe aufrecht	Aussaat einfach leicht bedecken Aussaat: III–V Frühjahrsschnitt	die jungen Blätter im Frühjahr als Salatzutat verwenden, sie schmecken leicht bitter, haben aber viele positive Eigenschaften

sonnig   halbschattig   ● schattig

AME		STANDORT	BLÜTE & WUCHS	AUSSAAT & PFLEGE	BESONDERHEIT
ärwurz *leum thamanticum*		frischer Boden	weiß Blütezeit V–VIII 50 cm Höhe aufrecht	keimt unregelmäßig Saattiefe 0,5 cm Aussaat: II Rückschnitt nach der Blüte	die filigranen Blätter können statt Dill, Fenchel oder Liebstöckel verwendet werden gut in Kräuterquark
elber Lauch *llium flavum*		trockener bis frischer Boden	gelb Blütezeit VI–VIII 25 cm Höhe aufrecht	Kaltkeimer Aussaat einfach Saattiefe 0,5 cm Aussaat: XI	frische Blätter im Winter, die kräftig nach Lauch schmecken verträgt keine Winternässe
iel-Lauch *llium arinatum*		trockener bis frischer Boden	lila Blütezeit VI–VIII 30 cm Höhe aufrecht	Kaltkeimer keimt unregelmäßig leicht bedecken Aussaat: IX, keimt erst im Frühjahr	frische Blätter im Winter, die mit ihrem guten lauchigen Geschmack als Salatzutat und Vitaminspender verwendet werden
Wald-Erdbeere *ragaria vesca*		frischer Boden	weiß Blütezeit V–VI 20 cm Höhe kriechend	Aussaat einfach nur andrücken Aussaat: III–V	frühe pollenreiche Blüten für allerlei Insekten die kleinen Früchte sind wunderbar aromatisch
Schild-Ampfer *Rumex scutatus*		frischer bis feuchter Boden	grün Blütezeit VI–VII 15 cm Höhe kriechend, überhängend	Aussaat einfach nur andrücken Aussaat: III–V	Verwendung der säuerlich schmeckenden Blätter in Salaten oder Dips Pflanzen mit guter Wasserversorgung schmecken milder

5 l Volumen, 20 cm Ø — 11 l Volumen, 28 cm Ø — 25 l Volumen, 35 cm Ø

DUFTE TYPEN

Viele einheimische Wildpflanzen zeichnen sich durch einen verführerischen Duft aus, mit dem sie ihre Bestäuber anlocken wollen. Ein Glück für uns Balkongärtner! Es gibt nichts Schöneres, als an einem lauen Sommerabend umringt von Blumen in einer wohlriechenden Wolke zu sitzen und den Feierabend zu genießen. Der gute Duft kann neben den Blüten auch von den Blättern verströmt werden, wenn man beim Vorübergehen an den Pflanzen entlangstreift. Das ist besonders bei Küchenkräutern wie Oregano oder Thymian der Fall, es gibt aber auch unbekannte Blattdufter wie den Edel-Gamander. Doch Vorsicht: Gerade unter den wohlriechenden Pflanzen gibt es auch einige, die stark giftig sind, wie beispielsweise das Maiglöckchen oder Alpenveilchen. Trotzdem möchte ich nicht auf den wunderbar betörenden Duft dieser Blumen verzichten!

Für eine Zinkwanne à 70 l Inhalt (sonnig)

1. Malva moschata (s. S. 49)
2. Cyclamen purpurascens
3. Teucrium chamaedrys (s. S. 45)
4. Thymus praecox
5. Dianthus superbus (s. S. 50)
6. Achillea nobilis
7. Marrubium vulgare
8. Hesperis matronalis
9. Hypericum perforatum (s. S. 34)
10. Artemisia pontica

Die Seitenangaben verweisen auf die Pflanzenporträts in Kapitel 2, alle anderen Stauden s. Tabelle S. 126–127.

Für einen Balkonkasten mit 80 cm Länge und 25 l Inhalt (sonnig)

1. Scabiosa ochroleuca (s. S. 35)
2. Thymus praecox
3. Dianthus arenarius
4. Teucrium chamaedrys (s. S. 45)
5. Silene vulgaris (s. S. 30)

Für einen Topf mit 30 cm Höhe und 30 cm Durchmesser (halbschattig bis schattig)

1. Convallaria majalis
2. Viola odorata (s. S. 56)
3. Calamintha menthifolia (s. S. 60)

DUFTE TYPEN

Viele der Pflanzen, die ätherische Öle aus ihren Blättern verströmen, wachsen gerne in der Sonne und duften dort ganz besonders stark. Allerdings gibt es auch für schattige Balkone Möglichkeiten für eine wohlriechende Wildblumenbepflanzung. Maiglöckchen oder Veilchen wachsen dort sogar besonders gerne! Da es sich hier um Waldbewohner handelt, die im Frühjahr vor dem Blattaustrieb blühen, sollte man sie mit Blattduftern kombinieren. Dann hat man die ganze Saison etwas für die Nase!

NAME		STANDORT	BLÜTE & WUCHS	AUSSAAT & PFLEGE	BESONDERHEIT
Europäisches Alpenveilchen *Cyclamen purpurascens*		☼ ◐ ● trockener bis frischer Boden	purpurrosa Blütezeit VII–IX 10 cm Höhe aufrecht	Aussaat kompliziert leicht bedecken Aussaat: XI–XII	keimt sehr unregelmäßig über mehrere Monate, Pflanzenkauf empfohlen! Achtung: giftige Knollen
Sand-Nelke *Dianthus arenarius*		☼ trockener bis frischer Boden	weiß Blütezeit VII–IX 25 cm Höhe Polster	einfach leicht bedecken Aussaat: III–V Frühjahrsschnitt	sehr guter Nelkenduft Blüten werden gerne von Schmetterlingen besucht
Gewöhnlicher Andorn *Marrubium vulgare*		☼ ◐ trockener bis frischer Boden	weiß Blütezeit VI–IX 50 cm Höhe aufrecht	einfach leicht bedecken Aussaat: III–V Frühjahrsschnitt	nicht die schönste Duftpflanze, aber eine besondere Heilpflanze, die süß duftet und bitter schmeckt

☼ sonnig ◐ halbschattig ● schattig

NAME		STANDORT	BLÜTE & WUCHS	AUSSAAT & PFLEGE	BESONDERHEIT
Edle Schafgarbe *Achillea nobilis*		trockener Boden	cremeweiß Blütezeit VI–VIII 30–40 cm Höhe aufrecht	einfach leicht bedecken Aussaat: III–V Sommerschnitt	seltene einheimische Wildpflanze mit stark aromatischen, fein geteilten Blättern
Maiglöckchen *Convallaria majalis*		frischer Boden	weiß Blütezeit V–VI 15–20 cm Höhe aufrecht	Aussaat kompliziert Saattiefe 0,5 cm Aussaat: IX, Keimung im nächsten Jahr	unvergleichlicher Duft, der in keinem Frühling fehlen darf Pflanzenkauf empfohlen Achtung: stark giftig!
Gewöhnliche Nachtviole *Hesperis matronalis*		trockener bis frischer Boden	violett Blütezeit V–VII 50–80 cm Höhe aufrecht	einfach leicht bedecken Aussaat: III–V Sommerschnitt	kurzlebig, samt sich aber gerne aus süßer Duft für laue Sommerabende
Frühblühender Thymian *Thymus praecox*		trockener bis frischer Boden	rosa Blütezeit V–IX 10 cm Höhe Polster	einfach nicht bedecken Aussaat: III–V Schnitt nach der Blüte	nicht ganz so aromatisch wie der Arznei-Thymian, aber mit früher und ausdauernder Blüte
Römischer Wermut *Artemisia pontica*		trockener Boden	gelb Blütezeit VIII–X 30–40 cm Höhe aufrecht	einfach leicht bedecken Aussaat: III–V regelmäßiger Schnitt in Vegetationsphase	sehr aromatischer Wermut mit stark duftendem Laub als Aroma für Saucen oder Quark kann auch Motten fernhalten

5 l Volumen, 20 cm Ø — 11 l Volumen, 28 cm Ø — 25 l Volumen, 35 cm Ø

KLEINE LEBENSRÄUME SCHAFFEN

Sie haben Ihren Topfgarten in ein Blumenparadies für Wildbienen (s. S. 116) verwandelt? Prima, damit haben Sie beste Voraussetzungen geschaffen, um die erwünschten Besucher zu sich auf den Balkon oder die Terrasse zu locken. Es gibt aber noch mehr Möglichkeiten, wie Sie die Gäste nicht nur willkommen heißen, sondern auch einladen können, in Ihrem Wildblumenparadies zu verweilen!

Wildbienenhaus

Wenn Ihr Topfgarten einschließlich der nahen Umgebung ausreichend Nahrung in Form von Pollen und Nektar bereithält, können Sie eine Nisthilfe für Wildbienen integrieren. Es ist ein besonderes Erlebnis, diese Insekten beim Brutgeschäft und in ihrer Entwicklung zu beobachten. Im Gegenzug können wir den Wildbienen, zumeist Mauerbienen, einen zusätzlichen Lebensraum bieten.

Die Nisthilfe kann entweder gekauft oder selbst gebaut werden. Es gibt viele gute Bauanleitungen im Internet oder beim lokalen Naturschutzverein, die Bastelaktion macht gerade auch Kindern großen Spaß. Bei fertig gekauften Nisthilfen lohnt es, auf eine sinnvolle Bauart zu achten. Im Handel sind zahlreiche Insektenhotels erhält-

An den Nisthilfen für Wildbienen lassen sich oft Mauerbienen beobachten. Dabei dürfen wir ruhig ganz genau hinschauen, denn die kleinen Solitärbienen stechen uns nicht. Über eine Tränke freuen sich alle Insekten, auch die Honigbienen.

lich, viele davon wird eine Wildbiene nicht unbedingt als Zuhause für ihre Nachkommen akzeptieren. Gute Bestandteile einer Nisthilfe sind: Röhrchen aus Schilf oder Pappe, Hartholz mit Bohrlöchern oder Steine aus gebranntem Ton mit Löchern. Die Löcher sollten einen Durchmesser von drei bis neun Millimetern und eine Tiefe von mindestens zehn Zentimetern, besser fünfzehn Zentimetern haben. Wichtig sind verschiedene Röhrendurchmesser, da Wildbienen-Arten hierbei unterschiedliche Ansprüche haben: Scherenbienen bevorzugen kleinere Durchmesser, Mauerbienen eher die größeren. Der optimale Durchmesser ist für jede Art spezifisch.

In die Röhren legt die Wildbiene dann Pollenvorräte und jeweils ein Ei ab. Davor kommt eine Trennwand aus Lehm oder Sand, dann wieder Pollen für die Larve und ein Ei, wieder eine Trennwand und so fort, bis die Röhre schließlich vorne fest verschlossen wird. Nun können sich die Larven mit ihrem Nahrungsvorrat in der gemütlichen Höhle entwickeln, die Metamorphose zur adulten Biene durchlaufen und im nächsten Frühjahr schlüpfen. Gleich nachdem die Weibchen das Nest erstmalig verlassen haben, findet die Paarung statt. Die Männchen sterben wenig später ab, die Weibchen leben noch einige Wochen als Solitärbienen, also ohne Staatenbildung, sammeln Pollen und legen aufs Neue Niströhren an.

Das Insektenhotel sollte stabil an einem sonnigen Ort befestigt werden. Die beste Ausrichtung ist gen Osten, Südosten oder Südwesten. Vor zu viel Regen schützt ein kleines Dach oder die Anbringung an einer witterungsgeschützten Stelle. Nach Möglichkeit stellen Sie in einer flachen Schale oder einem Topfuntersetzer etwas Lehm oder Sand als Baumaterial bereit. Der Lehm muss immer schön feucht gehalten werden, sonst lässt er sich nicht verbauen. Vor Insektenstichen müssen Sie sich bei der Förderung von Wildbienen in Ihrem Topfgarten übrigens nicht fürchten. Da Bienen nach dem Stich sterben, riskieren Wildbienen als »Alleinerziehende« damit nicht nur ihr Leben, sondern auch das ihres Nachwuchses. Sie werden also nicht zur Verteidigung des Nestes stechen.

Tränke

Auch Insekten brauchen Wasser! Besonders in trockenen Zeiten ist es deshalb gut, wenn Sie eine Insektentränke aufstellen. Gut geeignet ist eine flache Schale, die mit Wasser befüllt wird. Außerdem kommen Steine, Holzstücke oder Moos mit hinein, sodass die Insekten bequem landen und trinken können, ohne ins Wasser zu fallen. Natürlich freuen sich auch Vögel über das kühle Nass, ob als Tränke oder zum Baden. Falls Vogel- und Insektentränke aus Platzgründen kombiniert werden sollen, bitte darauf achten, dass Insekten, die ins Wasser fallen, einen Ausstieg aus der Tränke finden.

PRAXIS FÜR WILDE GÄRTNER

Jetzt kann es losgehen! Wie Sie Ihren Traumbalkon Schritt für Schritt in die Tat umsetzen können, verrät Ihnen das folgende Kapitel. Und mit ein bisschen Pflege sind Ihre wilden Untermieter in Kästen, Töpfen und Wannen rund ums Jahr gut versorgt und erfreuen Sie langfristig mit vielen bunten Blüten.

HIER IST GUT WURZELN

Alles beginnt mit der richtigen Vorbereitung der Töpfe, denn in den Pflanzgefäßen sollen sich die Wildblumen ja über viele Jahre hinweg wohlfühlen. Die Töpfe werden mit der passenden Erde befüllt und dann eingesät. Falls es schneller gehen soll, pflanzen Sie einfach fertige Stauden.

Das Substrat

Die Pflanzgefäße stehen bereit und die Samentütchen sind schon gezückt? Höchste Zeit, die Erde für die Töpfe vorzubereiten. Dabei bitte beachten, wie viel Erde Sie tatsächlich benötigen. Das erspart Ihnen unnötiges Schleppen von schweren Erdsäcken!

* Zinkwanne: 70–90 Liter
* Balkonkasten mit 80 cm Länge: 20–25 Liter
* Balkonkasten mit 100 cm: 40–50 Liter
* Topf mit 40 cm Durchmesser: ca. 30 Liter
* Topf mit 30 cm Durchmesser: ca. 15 Liter

DIE MISCHUNG MACHT'S

Die Erde für Wildblumen kann ganz einfach selber gemischt werden. Je nach Standort wird ein organischer Anteil mit einem mineralischen Anteil in unterschiedlichem Verhältnis gemischt. Die wichtigsten Grundmischungen finden Sie in der Tabelle rechts. Auch wenn sie nährstoffreicher als der Naturstandort ist – als Pflanzsubstrat können Sie ganz normale Blumenerde verwenden.

Für den Anbau von Wildblumen in Töpfen vermischen Sie die vorhandene Blumenerde mit einem mineralischen Anteil. Das magert die Erde ab und sorgt außerdem für eine gute Entwässerung. Die Pflanzen danken es Ihnen mit gesunden Wurzeln.

Die Erfahrung zeigt: Das Einzige, was Wildpflanzen in Kästen und Kübeln wirklich übel nehmen, ist Staunässe. Ansonsten sind sie sehr anpassungsfähig und bevorzugen in der besonderen Topfumgebung auch mehr Nährstoffe als in freier Natur. Allerdings sollte die Erde torffrei sein. Zum einen gebietet es sich aus ökologischen Gesichtspunkten: Für den Torfabbau werden über Jahrtausende gewachsene Moore zerstört, die sich davon nie wieder erholen. Zum anderen schätzen Wildblumen die torffreie Erde mit weniger enthaltenen Nährstoffen. Eine weitere gute Möglichkeit besteht darin, Erde zu recyclen. So können Sie beispielsweise die Erde aus den Tomatentöpfen des Vorjahres als Wildblumenerde verwenden. Die vorhandene Blumenerde wird dann mit Lava, Sand oder Bims vermischt. Falls Tongranulat verwendet wird, bitte auf einen geringen Salzgehalt achten, sonst können die Wildblumen Schaden nehmen. Der beigemischte mineralische Anteil magert das Substrat ab und sorgt vor allen Dingen für eine gute Drainage. So können die Wurzeln nicht im Wasser ertrinken und die Wildblumen-Töpfe bleiben uns über viele Jahre in ihrer ganzen Pracht erhalten.

STANDORT	MINERALISCHES SUBSTRAT	ORGANISCHES SUBSTRAT
sonnig	30 %	70 %
halbschattig oder schattig	10 %	90 %
Topf-Steingarten	50 %	50 %

Mineralisches Substrat: zum Beispiel Bims, Lava oder Sand
Organisches Substrat: Blumenerde, recyceltes Substrat, Kompost

FERTIGMISCHUNGEN

Wer es einfacher haben möchte und eine entsprechende Bezugsquelle hat, kann auch fertige **Dachgartenerde** verwenden. In dem Substrat für die Dachbegrünung ist bereits ein mineralischer Anteil mit organischem Material vermischt. Gut geeignet ist ein sogenanntes intensives Dachgartensubstrat mit erhöhtem organischem Anteil. Produkte für die extensive Dachbegrünung enthalten zu wenig organische Substanz und sind höchstens für echte Steingartenpflanzen und Trockenkünstler geeignet. Sie können für den Pflanzvorschlag »Wilde Trockenkünstler« (s. S. 80) verwendet werden. Wollen Sie die Töpfe nicht bepflanzen, sondern einsäen (s. S. 136), decken Sie das Substrat mit drei bis fünf Zentimetern **Aussaaterde** ab. Die im Handel erhältlichen speziellen Aufbereitungen enthalten wenig Dünger und sind besonders feinkrümelig. Das erleichtert den Keimlingen die Entwicklung und das Einwachsen der Wurzeln und somit ein gesundes Wachstum.

Drainage

Vor dem Befüllen der Gefäße mit der gewählten Erde gilt es, für eine ausreichende Drainage zu sorgen: Jedes Pflanzgefäß muss mindestens ein Loch im Boden haben, sodass überschüssiges Wasser ablaufen kann. Diese Abzugslöcher müssen frei bleiben und dürfen nicht vom Substrat zugesetzt werden. Deshalb ist die unterste Lage in den Töpfen eine gut durchlüftete wasserableitende Schicht. Bei kleinen Gefäßen reicht es aus, Tonscherben über die Abzugslöcher zu legen, bei größeren Gefäßen leistet eine Schicht Blähton, Lava oder Bims gute Dienste. Darüber wird dann mit abgemagerter Erde aufgefüllt. Beim Befüllen die Erde immer wieder etwas andrücken. Sind die Gefäße zu locker mit Erde gefüllt, sackt das Substrat zusammen; die Wildblumen verschwinden in den Töpfen und bekommen zu wenig Licht.

Aussaat

Die Anzucht aus Saatgut ist eine faszinierende Möglichkeit, den Balkon um einige wilde Schönheiten zu bereichern. Dabei lassen sich die Pflanzen in ihrer ganzen Entwicklung beobachten und mal ehrlich: Es mutet doch geradezu wie ein Wunder an, dass aus einem kleinen, wie leblos erscheinenden Samenkorn eine wunderschöne, blühende Pflanze entstehen kann. Ein weiterer Vorteil ist der geringe finanzielle Einsatz: Aus einem Samentütchen für ein paar Euro kann man sich Hunderte von Pflanzen ziehen.

Statt Wildblumen zu säen, können Sie auch einfach gekaufte Wildblumen pflanzen. Die fertigen Stauden kommen schnell zur Blüte und sind robuster als die kleinen Nachkommen. Ein gesunder Wurzelballen zeigt die gute Qualität der gekauften Pflanzen.

AUSSAAT VON SAATGUTMISCHUNGEN

Saatgutmischungen aus einheimischen Wildpflanzen bieten den Vorteil, dass sich genau diejenigen Arten bei Ihnen etablieren, die sich unter den gegebenen klimatischen Bedingungen wohlfühlen. Andere, denen die Standortbedingungen nicht entsprechen, keimen erst gar nicht oder verschwinden binnen kurzer Zeit.

Bei Saatgutmischungen können Sie den wilden Topfgarten mit allen Vorzügen genießen: der Natur freien Lauf lassen und entspannt beobachten, welche Pflanzengemeinschaft sich entwickeln will. Vorzugsweise wird direkt in die Gefäße gesät, in denen die Wildblumen später wachsen sollen (Direktsaat, s. S. 136). Dabei die Saatgutmischung immer obenauf säen und nicht mit Erde bedecken, sondern nur andrücken. Mit etwas Geduld können Sie sehr große Samen noch leicht in die Erde drücken. Achten Sie beim Ausbringen der Samen unbedingt darauf, nicht zu dicht auszusäen, damit konkurrenzschwächere Arten auch eine Chance haben, in Ihren Topfgarten einzuziehen und nicht von den starkwüchsigen Pflanzen verdrängt werden.

AUSSAAT VON EINZELARTEN

Natürlich können Sie genauso gut einzelne Arten aussäen. Das bietet sich besonders dann an, wenn Sie bestimmte Lieblingspflanzen vermehren möchten oder vielleicht auch seltene Arten, die in den meisten Saatgutmischungen nicht enthalten sind. Die Anzucht kann ebenfalls über Direktsaat oder über Voranzucht erfolgen. In letzterem Falle werden die Samen in einer Aussaatschale ausgebracht und später pikiert, also in größere Gefäße verpflanzt (s. S. 138). Bei den einzelnen Arten ist auf die jeweiligen speziellen Anforderungen an die Keimbedingungen zu achten (s. Tabelle rechts). Meist findet man einen entsprechenden

KEIMVERHALTEN	AUSSAAT	EIGENSCHAFTEN
Lichtkeimer, z. B. Glockenblumen, Habichtskraut, Königskerzen	Nicht mit Erde bedecken, nur andrücken. Beste Zeit meist von März bis Mai.	Benötigen Licht zur Keimung. Meist schnelle Keimung und kleine Samen.
Dunkelkeimer, z. B. Wiesen-Kümmel, Süßdolde, Wiesenknopf	Samendick mit Erde bedecken und andrücken. Je nach Temperaturbedarf im Herbst oder Frühling.	Benötigen eine bedeckende Erdschicht zur Keimung. Können auch Kalt- oder Kühlkeimer sein.
Wärmekeimer, z. B. Wiesen-Schaumkraut, Nelken, Ziest	Aussaat von April bis Mai für die meisten Arten optimal. Manche Arten können auch bereits im März gesät werden.	Benötigen über einen längeren Zeitraum mindestens 5°C, viele bevorzugen 18 bis 20°C. Meistens Lichtkeimer.
Kühlkeimer, z. B. Frauenmantel, Hauswurz, Ochsenzunge	Aussaat im Januar oder Februar, sodass noch einige Wochen kühle Temperaturen herrschen.	Benötigen über mehrere Wochen kühle Temperaturen von maximal 5°C. Nach der Keimung 10 bis 15°C.
Kaltkeimer, z. B. Steinsame, Steinbrech, Zypressen-Wolfsmilch	Aussaat im November. Meistens hartschalige Samen, daher mit Erde bedecken, um ein Aufbrechen der Saat zu beschleunigen.	Benötigen zuerst wärmere Temperaturen und dann eine lange kalte Periode über den Winter. Keimung im Frühjahr.

Hinweis in den Pflanzenbeschreibungen oder auf den Saatguttütchen. Andernfalls gilt folgende Faustregel: Kleine, feine Samen sind meistens Lichtkeimer, größere Samen werden samenbreit unter die Erde gesät. Bei hartschaligen Samen handelt es sich überwiegend um Kaltkeimer.

ZEIT ZU SÄEN

Wildpflanzen, zumindest die Wärmekeimer, können das ganze Jahr ausgesät werden. Empfehlenswert sind aber die kühleren und feuchteren Monate, da man sonst zu Beginn nicht mit dem Gießen hinterherkommt. Die optimale Zeitspanne im Frühjahr ist Anfang März bis Mitte Mai, im Herbst von September bis Anfang Oktober. Dann bilden die Pflanzen noch schöne Rosetten aus und kommen gut durch den Winter. Kaltkeimer werden optimalerweise im Herbst ausgesät und können dann im Frühjahr loslegen, Kühlkeimer kommen im Spätwinter in die Erde und keimen mit steigenden Temperaturen.

Pflanzung

Pflanzungen haben gegenüber Ansaaten den Vorteil, dass bestimmte Kompositionen einfach umgesetzt werden können, zum Beispiel, wenn Sie Kästen in bestimmten Farben oder mit besonderen Blattstrukturen erstellen wollen. Zudem benötigt der Topfgärtner nicht so viel Ausdauer. Vorgezogene Pflanzen haben einen Vorsprung gegenüber den ausgesäten und kommen schneller zur Blüte. Nicht zuletzt sind manche Arten auch besonders kompliziert in der Anzucht. Dann lohnt es sich erst recht, fertige Pflanzen zu kaufen.
Für die Pflanzung ein ausreichend großes Loch in den mit Substrat befüllten Topf graben und die Pflanze genauso tief hineinsetzen, wie sie zuvor im Topf stand. Danach gut andrücken und wässern, damit die Wurzeln gut mit Erde eingeschwemmt werden. Gepflanzt wird am besten im Frühjahr von März bis Anfang Mai oder im frühen Herbst für eine reichliche Blüte im nächsten Jahr.

STEP BY STEP – DIREKTAUSSAAT

Schnell gemacht

Die Direktsaat erspart Ihnen eine Menge Arbeit, denn das zeitaufwendige Pikieren (s. S. 138) fällt bei dieser Art der Anzucht weg. Neben Saatgutmischungen ist die Direktsaat für alle Arten von Wildpflanzen geeignet, die leicht auskeimen, also zum Beispiel sämtliche Nelken, Einjährige oder Glockenblumen. Da die Pflanzen am Ort der Aussaat verbleiben sollen, ist es wichtig, dass Sie die Pflanzgefäße mit einer guten Drainage und dem richtigen Pflanzsubstrat vorbereiten (s. S. 132). Außerdem gilt es zu vermeiden, dass Sie zu dicht aussäen. Das ist manchmal gar nicht so einfach, denn das Saatgut der Wildblumen variiert stark in der Größe. So wiegen 1000 Samenkörner der Rundblättrigen Glockenblume gerade einmal 0,07 Gramm, wohingegen 1000 Samen der Frühlings-Platterbse satte 15 Gramm auf die Waage bringen. Auch wenn Wildblumen bei sehr dichter Ansaat untereinander aushandeln, wer bleiben darf und wer nicht, so schreiten das Wachstum und die Entwicklung bis zur Blüte doch viel schneller voran, wenn die jungen Pflänzchen keinem Konkurrenzdruck ausgesetzt sind. Nicht zuletzt geht der Kampf ums Überleben zu Lasten der Artenvielfalt, da sich hierbei nur die konkurrenzstarken Pflanzen behaupten.

Schritt für Schritt

1. Vermischen Sie feines Saatgut oder Saatgutmischungen vor der Aussaat mit einem Füllstoff. Damit stellen Sie sicher, dass Sie das Saatgut dünn genug verteilen und auch Arten mit staubfeinen Samen ausreichend Platz erhalten . Als Füllstoff eignet sich trockener Sand oder Sägemehl. Bei großen Samen ist kein Füllstoff nötig, diese lassen sich ohne Probleme gleichmäßig im Topf verteilen.

2. Streuen Sie das Saatgut auf die Erdoberfläche. Der Großteil des Wildpflanzensaatguts wird nicht in die Erde eingearbeitet. Nur sehr große Samen und die meisten Kaltkeimer sollten Sie dünn mit Erde bedecken.

3. Nach dem Ausstreuen drücken Sie das Saatgut mit der flachen Hand an die Erdoberfläche an. Das ist wichtig, damit die Samen Kontakt zum Substrat haben. So können die frisch ausgekeimten Pflänzchen ihre Keimwurzel direkt in die Erde ausschicken, um Wasser und Nährstoffe aufzunehmen. Hängt die Keimwurzel dagegen frei in der Luft, besteht die Gefahr, dass sie austrocknet und der Keimling abstirbt.

4. Anschließend gießen Sie das Saatgut vorsichtig an, das geht am besten mit einer Handbrause. Halten Sie das Substrat im Pflanzgefäß in den ersten Wochen feucht. Falls Sie viel unterwegs sind, decken Sie die Anzucht mit einem lichtdurchlässigen Vlies ab. Das hält die Feuchtigkeit, sorgt für die benötigte Wärme und schützt das Saatgut vor den Schnäbeln hungriger Vögel, die solche Leckereien zu schätzen wissen.

5. Die ersten Keimlinge zeigen sich je nach Umgebungsbedingungen nach fünf bis 14 Tagen. Bei ausreichend Feuchtigkeit und Wärme ist das erste Grün manchmal sogar schon nach drei Tagen zu sehen! Jetzt heißt es nur noch Geduld haben: Manche der einheimischen Stauden lassen sich Zeit. Einige Arten bilden sogar erst im zweiten Jahr nach der Anzucht ihre Blüten.

1

2

3

4

5

STEP BY STEP – VORANZUCHT

Auf gutes Gedeihen

Sie haben Saatgut in freier Natur (s. S. 27) gesammelt, sind sich aber nicht sicher, wie gut die Samen tatsächlich auskeimen? Oder möchten Sie vielleicht Arten aussäen, die etwas komplizierter in der Anzucht sind? Kein Problem: Immer dann, wenn die Keimung unregelmäßig oder über einen längeren Zeitraum erfolgt, bietet sich die Aussaat in sogenannten Pikierschalen an. Dabei handelt es sich um flache, mit Erde befüllte Schalen, in die eine größere Menge Samen gestreut wird. Hier dürfen Sie die Samen also durchaus etwas dichter ausbringen. Wenn dann einzelne Pflänzchen keimen, werden diese in größere Töpfe verpflanzt. Dieses Umsetzen der kleinen Babypflanzen nennt man Pikieren. Gerade auch für Kaltkeimer sind Pikierschalen die passende Kinderstube, da sonst für eine sehr lange Zeit große Töpfe mit ruhenden Samen herumstehen. Wählen Sie zum Pikieren am besten einen Tag mit wenig Wind und nicht zu intensiver Sonneneinstrahlung, andernfalls trocknen die feinen Wurzeln sehr schnell aus. Und keine Sorge, wenn die jungen Pflänzchen trotz aller Vorsichtsmaßnahmen erst einmal die Köpfe hängen lassen. Das Pikieren ist ein starker Eingriff, doch die Kleinen erholen sich schnell und wachsen dann umso kräftiger weiter.

Schritt für Schritt

1. Befüllen Sie eine flache Schale mit Anzucht- oder Aussaaterde. Dabei die Erde gut andrücken, sonst sackt das Substrat zu stark zusammen und die Schalen sind nur noch zur Hälfte gefüllt.

2. Säen Sie die Samen dicht an dicht in den Pikierschalen aus. Je nach Art kann der Abstand nur ein bis zwei Zentimeter betragen. Dunkelkeimer (s. S. 135) bedecken Sie dünn mit Erde, Lichtkeimer drücken Sie mit der flachen Hand an die Erdoberfläche an. Dann die Schalen mit der Handbrause angießen.

3. Achten Sie darauf, dass die Pflanzschalen in den kommenden Wochen nicht austrocknen. Die Erde sollte jedoch nicht nass sein, eine leichte Feuchtigkeit reicht aus. Je nach Art erscheinen die ersten Keimlinge nach einigen Tagen bis Monaten.

4. Der optimale Zeitpunkt zum Pikieren ist erreicht, wenn die Keimlinge die ersten Laubblätter bilden. Diese weisen im Vergleich zu den Keimblättern eine deutlich andere Form auf. Fassen Sie dann die junge Pflanze vorsichtig an den Blättern und stechen Sie mit einem Pikierstab oder Löffelstiel direkt daneben in die Erde. Nun können Sie die Pflanze mitsamt den Wurzeln vorsichtig aus der Erde heben und umsetzen.

5. Bohren Sie in die Erde des neuen Topfes ein Loch und legen Sie die Pflanze schräg darauf. Dann das Ende der Wurzel mit dem Pikierstab in die Erde drücken, bis die Keimblätter die Erdoberfläche knapp überragen. Falls die Wurzel des Keimlings schon sehr lang ist, sollten Sie diese um ein Drittel einkürzen. Das regt zu kräftigem Wurzelwachstum an.

6. Jetzt nur noch das Pflänzchen vorsichtig andrücken und angießen. Dafür verwenden Sie am besten eine feine Handbrause, wie zum Beispiel eine Ballbrause. Geschafft! Nun kann der Winzling fröhlich heranwachsen.

1

2

3

4

5

6

DIE PFLEGE VON WILDBLUMEN

Der Topfgarten mit einheimischen Stauden benötigt vergleichsweise wenig Pflege. Trotzdem – wie Ihnen die Pflanzen lange erhalten bleiben und besonders reichlich blühen, verraten die folgenden Tipps und Tricks.

Selbst Töpfe mit Wildblumen brauchen etwas Zuneigung, wenn sie uns mit ihrer ganzen Pracht erfreuen sollen, und das auch noch über mehrere Jahre. Schließlich ist ein Pflanzgefäß eine ganz andere Umgebung als der natürliche Standort, an dem die Pflanzen ohne menschliche Hilfe blühen und gedeihen. Die Pflege ist zwar wenig aufwendig, dennoch ist es wichtig, mit der richtigen Bewässerung, einer ausgewogenen Düngung und dem rechtzeitigen Schnitt dafür zu sorgen, dass die Blumen sich im neu erschaffenen Wildblumenparadies im Jahresverlauf wohlfühlen.

Bewässerung

Wilde Schönheiten benötigen weniger Wasser als klassische Balkonpflanzen. Dennoch ist ein Pflanzgefäß auch für sie ein Extremstandort, denn sie können nicht in tieferen Erdschichten wurzeln und das benötigte Wasser von dort beziehen. Es muss also vom Balkongärtner für ausreichend Nachschub gesorgt werden.

Das richtige Gießen ist und bleibt die größte Herausforderung für wilde Balkongärtner, denn die Wildblumen mögen keine Staunässe. Für das richtig dosierte Bewässern verwenden Sie einfache Gießkannen oder Gartenschläuche mit Brause.

PASSENDE BEPFLANZUNG

Auf Balkonen und Terrassen in Nord- oder Ostlage wird das Wasser nicht so schnell knapp. Hier können dementsprechend auch solche Pflanzen verwendet werden, die etwas mehr Wasser benötigen. Das sind meist Wildstauden, die bevorzugt an schattigen Plätzen gedeihen und in der Natur typischerweise am Waldrand oder auf Waldlichtungen vorkommen. Geeignet sind beispielsweise die Rote Lichtnelke, *Silene dioica* (s. S. 51), oder die Frühlings-Platterbse, *Lathyrus vernus* (s. S. 45). Topfgärten in Süd- oder Südwestlage kommen in den Genuss von schön viel Licht, sind aber auch größerer Trockenheit ausgesetzt. Hier müssen Sie mehr gießen oder aber Sie wählen angepasste Pflanzen: Bewohner von Trockenstandorten, wie zum Beispiel das Gelbe Sonnenröschen, *Helianthemum nummularium* (s. S. 36), oder der Alpen-Steinquendel, *Acinos alpinus* (s. S. 55), kommen mit den sehr sonnigen und trockenen Bedingungen von Südbalkonen naturgemäß gut zurecht.

VORBEUGEN

Wer seine Pflanzen kontinuierlich mit Wasser versorgen und sich selbst eine Menge Gießarbeit ersparen will, ist gut beraten, Pflanzgefäße mit Wasserreservoir zu verwenden. Diese sind so gebaut, dass die Pflanzen sich aus einem Wasserspeicher nach Bedarf selbst versorgen können. Ein Wasserstandsanzeiger gibt Aufschluss darüber, wann das Reservoir vom Gärtner aufgefüllt werden muss.

Auch das Verwenden von großen Gefäßen verringert die Gießarbeit. Je mehr Erde in den Kübeln ist, desto mehr Wasser kann gespeichert werden. Möglicherweise können die Töpfe auch so aufgestellt werden, dass sie von einer »natürlichen Bewässerung« profitieren: Ein kräftiger Regenguss von oben nimmt uns das Gießen ab! Allerdings ist dann darauf zu achten, dass es bei länger anhaltenden Regenperioden nicht zu Staunässe im Wurzelbereich kommt.

WENIGER IST MEHR

Gewöhnen Sie Ihre wilden Stauden daran, mit wenig Wasser auszukommen. Es ist nicht nötig, die Pflanzen jeden Tag zu gießen. Mit Ausnahme der sehr trockenen und heißen Sommermonate ist es ausreichend, nur einmal die Woche oder sogar noch seltener zu gießen. Bei mir bekommen die Töpfe erst dann Wasser, wenn die Pflanzen sich hängen lassen. Werden sie nicht mit reichlichen Wassergaben verwöhnt, entwickeln die Pflanzen einen Habitus, der an die Lebensweise an einem trockenen Standort angepasst ist. Sie bleiben dann zwar etwas kleiner und entwickeln weniger Grün, um sich vor Verdunstung zu schützen, dafür blühen sie aber umso reichlicher!

HART IM NEHMEN

Sollten Ihre Wildpflanzen aber doch mal zu wenig Wasser bekommen haben und traurig die Köpfe hängen lassen – keine Panik! Diese Stauden sind Überlebenskünstler! Auch wenn sie schon sehr welk aussehen, steckt meist noch viel Leben in den Pflanzen und sie werden durch erneutes Bewässern wieder grün und frisch. Das Entfernen gelber Blätter fördert die Bildung frischer Triebe.

RICHTIG GIESSEN

* Gießen Sie nach Möglichkeit in den kühleren Morgen- oder Abendstunden. So verdunstet am wenigsten Wasser und es können Ressourcen eingespart werden.
* Wildpflanzen bevorzugen Regenwasser. Es ist weniger hart als Leitungswasser und gleicht sich der Umgebungstemperatur an. Wenn möglich, ist es also durchaus sinnvoll, etwas Regenwasser aus der Regenrinne für die eigene Wassertonne auf dem Balkon abzuzweigen. Es gilt aber auch hier: Wildpflanzen sind pflegeleicht. Sie werden uns das Gießen mit Leitungswasser nicht weiter verübeln.
* Ob mit Gießkanne oder Gartenschlauch – wenn Sie gießen, sollten Sie dann auch durchdringend wässern, also in etwa so lange, bis das Wasser unten aus den Löchern der Pflanzgefäße herausfließt. Insbesondere auf dem Balkon ist es empfehlenswert, Topfuntersetzer zu verwenden. Diese fangen das im ersten Durchgang überschüssige Wasser auf und geben dem Substrat die Möglichkeit, sich nachträglich aus dem Überstand vollzusaugen. Das hilft, Wasser zu sparen, und vermeidet Klagen der Untermieter, die sich über das kühle Nass von oben zumeist weniger erfreut zeigen.
* Auch im Winter, wenn scheinbar nichts wächst, dürfen die Pflanzen nicht komplett austrocknen. Eine Kanne Wasser ab und an bei frostfreier Witterung verteilt, vermeidet Trockenschäden und bringt Ihre Stauden sicher durch den Winter.

Für die Wasserversorgung von Jungpflanzen oder während eines Kurzurlaubs können Sie praktische Wasserspeichersysteme verwenden. Es gibt zum Beispiel Aufsätze, die ganz einfach auf handelsübliche Wasserflaschen aufgeschraubt werden.

IM URLAUB SICHER VERSORGT

Ausgefeilte automatische Tropfbewässerungssysteme aus dem Handel wie Perlschläuche oder verschiedene Micro-Drip-Systeme sichern die Versorgung Ihrer Pflanzen auch während der Urlaubszeit, falls Sie keinen hilfsbereiten Pflanzensitter zur Hand haben. Sie können aber genauso gut auf einfache Lösungen zurückgreifen. Es gibt diverse Aufsätze, die handelsübliche Getränkeflaschen in ein effektives Tropfsystem für Pflanzgefäße verwandeln.

Düngen

Auch hier machen es uns die wilden Topfgärten einfach! Die meisten der einheimischen Arten wachsen natürlicherweise am liebsten auf nährstoffarmen Standorten. Dort fühlen sie sich wohl und gedeihen prächtig. Das sind magere Wiesen, aber auch Schutt- oder Steinflächen. Nur die Bewohner der Wälder, Auen und feuchten Wiesen mögen gerne etwas fettere Böden. Übertragen auf den Balkonkasten gilt somit auch für das Düngen: Weniger ist mehr!

Links: Auch im Winter sehen die Wildblumentöpfe schön aus und die Pflanzen sind unter der Schneedecke gut geschützt. Falls es starke Kahlfröste gibt, gießen Sie die Töpfe ein wenig, wenn die Temperaturen steigen. **Rechts:** Zu groß gewordene Wildblumen pflanzen Sie in einen passenden Topf. Lockern Sie beim Umtopfen den Wurzelballen auf, dann wächst die Pflanze besser an.

* Die Startdüngung aus der Erde, die Sie in die Pflanzgefäße gefüllt haben, ist erst einmal völlig ausreichend. Frühestens nach zwei Jahren ist eventuell zu beobachten, dass die Blütenansätze weniger werden oder die Bildung kräftiger Blätter nachlässt. Ein weiterer Hinweis kann sein, dass das Laub Ihrer Stauden kein gesundes, sattes, sondern ein eher vergilbtes Grün zeigt. Dann wird gedüngt!
* Streuen Sie dazu einfach ein bisschen Kompost auf die Erdoberfläche in den Pflanzgefäßen. Am sonnigen Standort genügt eine Schicht von ca. 1 cm Dicke, am schattigen Standort darf es etwas mehr sein. Alternativ zu Kompost kann auch ein organischer Dünger aus dem Handel verwendet werden. Geben Sie bitte nur maximal die Hälfte der für Zierblumen empfohlenen Menge.
* Die beste Zeit für die Düngergabe ist das Frühjahr, wenn die Pflanzen in den Startlöchern stehen und so richtig loslegen wollen. Wer den Termin verpasst, kann auch im Sommer für Nährstoffnachschub sorgen. Im Herbst ziehen sich die Pflanzen dagegen allmählich zurück. Dann sollte nicht mehr gedüngt werden, um die Pflanzen nicht zu Wachstum anzuregen. Ein untypischer Wachstumsschub im Herbst kann im Winter zu Frostschäden an den noch jungen Trieben führen.
* Es ist nicht nötig, jährlich zu düngen. Wenn Sie das erste Mal nachgedüngt haben, warten Sie einfach ab, bis das Wachstum und die Blütenbildung wieder nachlassen. Es macht Spaß, die wilden Schönheiten genauer zu beobachten und auf Veränderungen zu reagieren. Wer lieber auf Nummer sicher geht, gibt den Pflanzen alle zwei Jahre etwas Kompost oder eine Handvoll organischen Dünger.

Umtopfen

Normalerweise ist ein Umtopfen bei den Wildstauden nicht notwendig. Sie bleiben über viele Jahre in demselben Pflanzgefäß. Es kann aber sein, dass eine Wildstaude doch größer geworden ist als gedacht oder dass Sie eine neue Pflanzkombination ausprobieren möchten. Dann wird umgetopft. Die beste Jahreszeit dafür ist das Frühjahr.

* Befüllen Sie das neue Pflanzgefäß mit Erde und achten Sie dabei wiederum auf eine ausreichende Drainage (s. S. 132 ff).
* Entnehmen Sie die Pflanze mitsamt dem Wurzelballen aus dem alten Topf.
* Befreien Sie den Wurzelballen, so gut es geht, von Erde und kürzen Sie die Wurzeln dabei um etwa ein Drittel ein.
* So vorbereitet kann die Staude in ihr neues Zuhause umziehen. Dazu den Wurzelballen genauso tief in das vorbereitete Gefäß setzen, wie er zuvor im Topf stand, die Erde rundum gut andrücken und ausreichend bewässern (s. S. 135).

Was darf bleiben?

»Unkraut« jäten oder, politisch korrekt, »Beikräuter« - ein sehr spannendes Feld für den Gärtner im Wildblumen-Topfgarten! Auch hier gilt es der Natur zu vertrauen, sich ein Stück weit auf den natürlichen Gang der Dinge einzulassen und abwartend zu beobachten. Denn was ist überhaupt ein Unkraut, was soll wirklich weg? Vielleicht ist der Neuling ja sogar ein willkommener Mitbewohner im anfangs willkürlich arrangierten Balkonkasten, die exakt zu diesem Standort passende Pflanze?

Es ist erstaunlich, wie viel Dynamik und Veränderung in einem Topfgarten mit Wildpflanzen möglich ist. Pflanzen kommen und gehen, als ob sie selbstständig laufen könnten. Sogar auf Balkonen im fünften Stock können neue Wildstauden Einzug halten. Umzugshelfer sind die Vögel oder der Wind, die bei der Verbreitung der Samen helfen. Vorausgesetzt, Sie lassen dies zu. Denn letztendlich hängt es von Ihnen und Ihren persönlichen Vorlieben ab, welchen Weg Sie wählen zwischen unbedingter Kontrolle über Ihren Topfgarten und der Neugier auf den Lauf der Natur.

Es gibt Arten, die sich im Topfgarten sehr gut aussäen, wie zum Beispiel die Färber-Hundskamille (s. S. 34) oder auch das Taubenkropf-Leimkraut (s. S. 30). Manchmal sprießen die Abkömmlinge an genau der richtigen Stelle, manchmal findet man ein anderes passendes Plätzchen und pflanzt um, manchmal ist der Nachwuchs aber auch einfach zu viel und darf über den Kompost zurück in den Kreislauf der Natur.

Wenn gejätet werden soll, dann benutze ich dazu meist meine Hände und ziehe das unerwünschte Pflänzchen einfach aus der Erde. Bei schon etwas größeren Exemplaren oder Pflanzen mit Pfahlwurzeln leistet ein Spargelstecher gute Dienste. Damit kann die Pflanze ausgestochen werden, ohne die übrigen Pflanzen in Mitleidenschaft zu ziehen. Statt Spargelstecher tut es auch ein Schraubenzieher oder ein spezieller Unkrautstecher.

Was bei mir grundsätzlich aus den Töpfen entfernt wird, sind junge Bäumchen. Für diese ist der Topfgarten einfach zu klein.

Unkraut oder nicht?

Um zu entscheiden, ob eine Pflanze bei Ihnen wachsen darf oder besser gejätet werden sollte, ist es nötig, die jeweilige Art genauer zu bestimmen. Das kann bei ausgereiften Wildblumen mittels App oder Bestimmungsbuch geschehen. Das Erkennen von Pflanzen im Keimstadium gelingt dagegen nur mit etwas Erfahrung. Doch Sie werden sehen: Selbst wenn Ihnen die verschiedenen Pflanzensprösslinge anfangs alle gleich vorkommen, so werden Sie unerwünschte Beikräuter in Ihrem Topfgarten schon bald problemlos ausmachen. Zusätzliche Hilfestellung finden Sie auf meiner Webseite www.yosana.net.

Andere Kandidaten, die ich persönlich nur selten in den Töpfen dulde, sind Löwenzahn, Vogelmiere und Co. Diese überaus konkurrenzstarken Arten finden immer noch ausreichend Lebensräume in der Natur und müssen nicht extra im Topf gepflegt werden. Doch wer weiß? Vielleicht möchten Sie ja genau diese Pflanzen als leckeren Frühlingssalat im Topf halten?

Wildpflanzen wie der Löwenzahn kommen häufig vor und können andere Blumen verdrängen. Dämmen Sie diese Wildkräuter gegebenenfalls ein, indem Sie die möglichst jungen Pflanzen von Hand oder mit einem Unkrautstecher jäten.

Rückschnitt

Der Rückschnitt der Stauden im Sommer fällt nicht leicht, lohnt sich aber! Lassen wir diesen Pflegeschnitt aus, bildet die Wildblume Samen und hat ihren Wachstumszyklus für dieses Jahr beendet. Sie wird kein zweites Mal blühen. Wenn wir aber im Sommer beherzt zur Schere greifen und ihr die Chance zur Samenbildung nehmen, steckt sie ihre ganze Energie in die erneute Blütenbildung. Denn ihr oberstes Ziel ist die Weiterverbreitung durch Samen. Ist ihr das durch unser Eingreifen nicht gelungen, versucht sie es erneut. Die zweite Blüte im Herbst erfreut dann nicht nur unser Auge, sondern vor allem die nektarliebenden Blütenbesucher. Das Nahrungsangebot im Herbst ist für sie nicht mehr allzu üppig.
Idealerweise erfolgt der Sommerschnitt im Juni, also genau dann, wenn extensiv bewirtschaftete Blumenwiesen gemäht werden. So bleibt nicht nur Zeit für eine zweite Blüte, sondern auch für die Samenbildung. Die reifen Fruchtstände sind willkommene Nahrung für die Vögel im Winter. Außerdem bieten die hohlen Stängel Insekten und ihren Larven Unterschlupf. Also unbedingt die trockenen Stängel stehen lassen!
Der Frühjahrsschnitt erfolgt im März oder April, wenn die Temperaturen allmählich ansteigen. Dann werden die trockenen Pflanzenteile abgeschnitten. Damit die Überwinterer in den Stängeln umsiedeln können, lege ich das abgeschnittene Material neben die Kästen an einen sonnigen Platz. So erwachen die Insekten aus der Winterstarre und können sich einen neuen Platz suchen.

Ab und zu greifen Sie beherzt zur Gartenschere und verpassen den Wildblumen einen Rückschnitt. Im Frühsommer regt der Schnitt die Pflanzen zu einer zweiten Blüte später im Jahr an. Trockene Stängel werden im Frühjahr abgeschnitten.

DIE AUSNAHMEN VON DER REGEL

Manche Wildstauden vertragen keinen Rückschnitt im Sommer, bei ihnen bleibt danach die Blüte aus. Dies trifft beispielsweise auf Königskerzen oder Kräuter wie Katzenminze, Ziest oder Salbei zu.
Nur ganz wenige Wildblumen-Arten schneiden wir überhaupt nicht zurück. Dazu gehören früh blühende Arten wie Busch-Windröschen oder auch Gelber Lerchensporn.

WILLKOMMENE GÄSTE – BESUCHER IM TOPFGARTEN

Für aufmerksame Beobachter

Zu den schönen Erlebnissen im wilden Topfgarten gehört ganz besonders das Beobachten: Staunen Sie über die Entwicklung der Pflanzen, die Veränderungen, die wie von selbst geschehen, und natürlich auch über die summenden, brummenden und krabbelnden Besucher. Die genaue Betrachtung unseres kleinen Paradieses ermöglicht uns eine Kontaktaufnahme mit der Natur, auch wenn es vielleicht in der Umgebung an grünen Lebensräumen fehlt. Diese Verbindung stärkt uns, lässt uns zur Ruhe kommen; gleichzeitig lernen wir, die Sprache unseres Topfgartens zu verstehen. Wir nehmen die Bedürfnisse der Pflanzen wahr, lernen wieder auf unsere innere Stimme zu vertrauen. So wird das Gärtnern mit Wildblumen von Jahr zu Jahr intuitiver. Wer Spaß daran hat, kann eine Art Gartentagebuch erstellen, in dem die wichtigsten Beobachtungen und Erlebnisse festgehalten sind. Mit kleinen Zeichnungen und Fotos wird das Tagebuch bunt und abwechslungsreich! Lassen Sie sich überraschen, wie sehr das Festhalten auf Papier der Reflexion und dem gesunden Wachstum Ihres Topfgartens hilft. Damit Sie die nektarsuchenden Besucher Ihres Topfgartens besser einordnen können, lernen Sie hier einige wichtige Insektengruppen kennen.

Schau genau

1. Wildbienen haben einen dreigeteilten Körper mit vier Flügeln am mittleren Segment. Sie sind meist behaart und kommen in verschiedensten Farben vor. Fast alle der ca. 600 heimischen Arten leben solitär, ein Beispiel für völkerbildende Wildbienen sind Hummeln.

2. Die Honigbiene kommt nur ausnahmsweise wild lebend vor, meist gehört sie zu einem benachbarten Imker. Sie ist den Wildbienen in ihren Merkmalen ähnlich, mit 15 mm aber deutlich größer und stolze Besitzerin von Pollenhöschen an den Hinterbeinen. Pollenhöschen hat bei den Wildbienen nur die Gruppe der Hummeln.

3. Zu den einheimischen Schmetterlingen gehören ungefähr 3700 Arten, die meisten davon sind Nachtfalter. Zu den bunten, prächtigen Tagfaltern zählen lediglich 190 Arten. Schmetterlinge sind wichtige Bestäuber, sie können allerdings mit Pollen nichts anfangen, sondern saugen mit ihren langen Rüsseln den Nektar der Blumen.

4. Auch Fliegen zählen zu den Bestäubern. Mit ihren kurzen Saugrüsseln sitzen sie häufig auf flachen Blüten. Schwebfliegen sind wahre Flugkünstler, sie können kolibrigleich in der Luft stehen und sogar rückwärtsfliegen! Von Bienen und Wespen lassen sie sich durch die reduzierte Anzahl von nur zwei Flügeln und durch ihre kurzen Fühler sicher unterscheiden, auch wenn sie mit ihrer gelbschwarzen Färbung alles daransetzen, gefährlich auszusehen.

5. Im Unterschied zu Bienen sind Wespen meist unbehaart und besitzen den nach vorne schmal zulaufenden Hinterleib, die sogenannte »Wespentaille«. Manche, wie die Goldwespe, zeigen schillernde Farben. Die meisten der mehreren Hundert Arten leben solitär und verzichten wie die solitär lebenden Wildbienen darauf, zu stechen. Durch ihre räuberische Lebensweise sind Wespen gute Schädlingsbekämpfer.

1

2

3

4

5

WAS HILFT GEGEN SCHÄDLINGE IM TOPFGARTEN?

Auch der natürlichste Topfgarten ist nicht vor Krankheiten oder Schädlingen gefeit. Und selbst wenn sich manche Probleme mit etwas Geduld »von selbst« lösen können – schön ist es nicht, auf blattlausüberzogene Stängel oder pilzkranke Blätter zu blicken. Was also ist zu tun?

Ob Terrasse oder Balkon – typische Probleme im wilden Topfgarten sind der Befall der Pflanzen mit saugenden Insekten wie Blattläusen oder Spinnmilben sowie Pilzkrankheiten, die entweder die Blätter mit unschönen Flecken überziehen oder im schlimmsten Fall die Pflanze so schwächen, dass sie abstirbt. Der beste und nachhaltigste Schutz für unser kleines Paradies ist vorbeugendes Handeln, denn gesunde und starke Pflanzen werden seltener krank.

Basispflege

Die Stärkung der Wildblumen in den Töpfen fängt mit der richtigen Pflege an. Es braucht nicht viel, um Wildblumen ein stressfreies Leben zu bereiten, damit sie sich zu gesunden Pflanzen entwickeln:

* **Gießen:** Wenn die Pflanzen ständig ums Überleben kämpfen, sind sie gestresst und anfälliger für Krankheiten. Das kann entweder durch zu viel oder durch zu wenig Wasser ausgelöst sein. Staunässe nimmt den Wurzeln die Luft zum Atmen und lässt sie

Vorbeugen ist besser als heilen! Durch das Stärken der Pflanzen mit Tees oder Jauchen bleiben die Wildblumen gesund. Eine Mischpflanzung mit Kräutern und Ringelblumen beugt Krankheiten vor und lockt Nützlinge wie den Marienkäfer an.

faulen. Bei längerwährender Trockenheit werden die Pflanzen welk. Ein zeitlich begrenztes Austrocknen ab und an stärkt hingegen die Pflanzen, sie bilden dann mehr sekundäre Pflanzenstoffe, wie zum Beispiel ätherische Öle, die vor einem Schädlingsbefall schützen.

- **Düngen:** Viel hilft nicht immer viel. Zu hohe Gaben von Stickstoff führen zu weicherem Blattgewebe und somit zu einer höheren Krankheitsanfälligkeit. Darum immer nur bei Bedarf düngen (s. S. 142).

Pflanzenstärkungsmittel

Genauso wie wir unser Immunsystem durch Vitamine und Spurenelemente stärken, können wir mit bestimmten Mitteln auch die Abwehrkräfte unserer Pflanzen pushen.

- **Tee:** Hierzu ein Teil Wasser mit einem Teil klein geschnittener Pflanzenstängel und -blätter mischen, über Nacht stehen lassen und am nächsten Tag kurz aufkochen. Nach dem Abkühlen den Auszug 1:10 mit Wasser verdünnen und auf die Blätter sprühen. Geeignete Pflanzen sind Ackerschachtelhalm (Stärkung der Zellwände, beugt Pilzkrankheiten vor) und Brennnessel oder Beinwell als nachhaltige Dünger mit hohem Kaliumanteil (Steigerung der Stresstoleranz).
- **Kaltwasserauszug:** Ein Teil Schafgarbe mit einem Teil kaltem Wasser übergießen und ein bis zwei Tage ziehen lassen. Dann die Pflanzenteile absieben und den Auszug unverdünnt auf die Blätter sprühen (beugt Pilzkrankheiten und dem Befall mit saugenden Insekten vor).
- **Jauche:** Jauchen sind Allrounder, die sowohl als Dünger wie auch zur Bekämpfung von Schädlingen und Blattkrankheiten gute Dienste leisten. Für Balkongärtner ist die Herstellung aufgrund der Geruchsbelästigung eher unerquicklich, mittlerweile gibt es Jauchen jedoch als Fertigprodukt und geruchsneutral verpackt im Fachhandel zu kaufen.

Abwechslung

Die einfachste und schönste Maßnahme zum Pflanzenschutz ist eine abwechslungsreiche Bepflanzung der Balkonkästen und Terrassentöpfe. Durch die Diversität der Blumen werden viele unterschiedliche Insekten angelockt, einige davon sind natürliche Fressfeinde der unliebsamen Schädlinge. So verspeisen die Larven von Schweb-, Florfliegen und Marienkäfern liebend gerne Blattläuse. Selbst Meisen kommen regelmäßig vorbeigeflogen, um die Leckerbissen einzusammeln. Und hätten Sie gewusst, dass Marienkäfer etwa 100 bis 150 Blattläuse pro Tag vertilgen? Abwechslung beinhaltet auch die Möglichkeit, die Bepflanzung der Töpfe durch Arten mit schädlingsabwehrenden Eigenschaften zu ergänzen. Gegen Blattläuse, Spinnmilben und andere saugende Insekten hilft der Duft von Lauchgewächsen oder Lavendel. Ringelblumen im Balkonkasten wehren Fadenwürmer ab, die sonst den Wurzeln der Bepflanzung schaden können. Die Wildform der Ringelblume, ein kleines hübsches Ackerunkraut, hat übrigens dieselben guten Eigenschaften wie ihre große Schwester!

SAATGUT – REGIONAL & SAISONAL

Woher kommt eigentlich das Saatgut für die Aufzucht der im Handel angebotenen Wildblumen? Wird das etwa alles in der ohnehin schon knapp bestückten Natur gesammelt? Antwort auf diese Fragen liefert zum Schluss ein kurzer Einblick in die aufwendige Produktion von Wildpflanzensaatgut nach Regiosaatgut-Standard.

Regiosaatgut – woher es stammt

Auch wenn für das im Handel angebotene Wildpflanzensaatgut nicht blühende Wiesen in freier Natur leer geräumt werden, so stammt das sogenannte Ausgangssaatgut tatsächlich von Pflanzen an ihrem natürlichen Standort. Allerdings darf es nur mit Genehmigung der Naturschutzbehörden und unter strengen Auflagen entnommen werden. So ist unter anderem darauf zu achten, möglichst viele unterschiedlichen Individuen zu besammeln, um die genetische Vielfalt ausreichend groß zu halten. Andererseits dürfen natürlich nicht alle Pflanzen abgeerntet werden. Denn so würde ja nichts mehr in der Natur zur Aussaat verbleiben.
Gesammelt wird in einer bestimmten Region, in der das Saatgut später auch vermehrt wird. Zurzeit ist Deutschland gemäß Regiosaatgut-Standard in 22 Regionen aufgeteilt. Soll also beispielsweise in der Region »Schwarzwald« Saatgut von der Wilden Möhre ver-

Im Handel erhältliches Regiosaatgut darf ausschließlich in den passenden Naturräumen in Deutschland vermehrt werden. Die Anzucht und Pflege der Wildblumen ist aufwendig, aber ein Blick auf die bunten Ackerflächen entlohnt die Mühen.

mehrt werden, muss das Ausgangssaatgut auch aus dieser Region stammen. Ansaaten in freier Natur wiederum müssen laut Bundesnaturschutzgesetz mit Saatgut erfolgen, das in der Region erzeugt wurde. Denn das Erbgut einer Wilden Möhre aus verschiedenen Regionen kann sich erheblich unterscheiden. Die Pflanze ist dadurch exakt an die Ursprungsregion angepasst, ihre Blütezeit manchmal sogar genau auf die Bestäuber in der Region abgestimmt.
Damit in der Wildpflanzensaatgut-Produktion auch alles wie festgelegt läuft, gibt es verschiedene Zertifikate für Regiosaatgut, die das Einhalten des Standards bescheinigen. Die Zertifizierung bedeutet viel Papierkram für den landwirtschaftlichen Betrieb und sehr viel Handarbeit auf dem Acker. Insbesondere die Ernte und das Fernhalten anderer Wildpflanzen in der Kultur beschäftigen uns Wildpflanzenanbauer den größten Teil unserer Zeit.

Das Angebot wächst!

An sich eine tolle Sache, dieses Regiosaatgut, das inzwischen glücklicherweise mehr und mehr in den Fokus des Naturschutzes rückt! Für den Privatgärtner ist es oftmals jedoch gar nicht so leicht, an Saatgut oder Pflanzen aus der gewünschten Region zu kommen. Es gibt einfach noch nicht genug Saatgut auf dem Markt und Anbieter für Kleinstmengen, wie sie für ein paar Quadratmeter im Garten oder den Balkonkasten erforderlich sind, gleich noch viel weniger!
Ich empfehle deshalb vorab eine kurze Recherche bei Anbietern von Regiosaatgut und -pflanzen, ob überhaupt Ware für die gewünschte Region im Angebot ist. Mögliche Bezugsquellen finden Sie im Anhang (s. S. 152). Wer auf diese Weise nicht fündig wird – bitte nicht verzweifeln! Es ist allemal besser, einheimische Arten im Garten und auf dem Balkon zu verwenden, die nicht regiozertifiziert sind, als das Projekt komplett an den Nagel zu hängen!
Zum Glück gibt es inzwischen viele Onlineshops und immer mehr Gärtnereien, die einheimische Wildpflanzen und deren Saatgut anbieten. Sehr oft kann man auch von anderen Gärtnern etwas geschenkt bekommen, denn die Wildblumen produzieren ja meist Samen in Hülle und Fülle. Die eigene Sammlung von Saatgut in der Natur ist auch möglich, aber nur, wenn es sich um häufige Arten handelt, die nicht geschützt sind und nicht im Naturschutzgebiet wachsen. Hier ist also Umsicht gefragt, denn wir wilden Topfgärtner wollen ja die Natur unterstützen und ihr keinesfalls schaden!

Grenzen der Technik

Von den etwa 4000 einheimischen Wildpflanzen-Arten, die alle gleich wichtig für den Erhalt der Artenvielfalt sind, können nicht alle kultiviert werden. Das bedeutet: Regiosaatgut gibt es nur von bestimmten Pflanzen. Und selbst wenn die Auswahl der kultivierten Pflanzen ziemlich umfangreich ist und eine gute Grundlage für den Erhalt der Insektenvielfalt bietet, sind nicht alle Arten damit abgedeckt. Das bedeutet für uns: Regiosaatgut-Vermehrung kann keinesfalls den Schutz und den Erhalt bestehender intakter Naturschutzgebiete ersetzen!

SERVICE & ADRESSEN

LITERATUR

Berthold, Peter/Mohr, Gabriele: **Vögel füttern, aber richtig.** Kosmos Verlag, Stuttgart

Berthold, Peter: **Unsere Vögel. Warum wir sie brauchen und wie wir sie schützen können.** Ullstein Verlag, München

David, Werner: **Fertig zum Einzug: Nisthilfen für Wildbienen.** Pala Verlag, Darmstadt

Fischer, Frauke/Oberhansberg, Hilke: **Was hat die Mücke je für uns getan? Endlich verstehen, was biologische Vielfalt für unser Leben bedeutet.** oekom, München

Goulson, Dave: **Wildlife Gardening: Die Kunst, im eigenen Garten die Welt zu retten.** Carl Hanser Verlag, München

Herler, Jürgen: **Hände in die Erde! Vertical Gardening – Für grüne, essbare Städte der Zukunft.** Ennsthaler Verlag, Steyr

Kern, Simone. **Wilde Kübel.** Franckh Kosmos Verlag, Stuttgart

Kötter, Engelbert: **Küchenkräuter in Töpfen.** Gräfe und Unzer Verlag, München

Lugerbauer, Katrin: **Bienenfreundlich Gärtnern.** BLV, ein Imprint von Gräfe und Unzer Verlag, München

Oftring, Bärbel: **Bei dir summt's wohl. Über 150 Insekten und wie wir sie schützen können.** Kosmos Verlag, Stuttgart

Oftring, Bärbel. **Jede Blüte zählt!** Gräfe und Unzer Verlag, München

Oftring, Bärbel: **Wildbienenfreundlich gärtnern für Balkon, Terrasse und kleine Gärten.** Gärtnertipps für mehr Insektenschutz und Artenvielfalt. Edition Michael Fischer (EMF), Igling

Oftring, Bärbel: **Gärtnern in Beet, Topf und Kasten. Das Gärtnerbuch für Kinder.** moses-Verlag, Kempen

Rieger, Ernst. **Die Insektenwiese.** frechverlag, Stuttgart

Schattling, Birgit. **Mein Biotop auf dem Balkon.** Gräfe und Unzer Verlag, München

Schneider, Eberhard und Anne: **Schöne Insektenwelt. Ihre Vernichtung und was wir dagegen tun können.** oekom, München

Segerer, Andreas H./Rosenkranz, Eva: **Das große Insektensterben. Was es bedeutet und was wir jetzt tun müssen.** oekom, München

Spohn, Margot und Roland: **Blumen und ihre Bewohner. Der Naturführer zum reichen Leben an Garten- und Wildpflanzen.** Haupt Verlag, Bern

Vereecken, Nicolas: **Wildbienen entdecken und schützen.** BLV, ein Imprint von Gräfe und Unzer Verlag, München

Weber, Andreas: **Alles fühlt: Mensch, Natur und die Revolution der Lebenswissenschaften.** thinkOya

Westrich, Paul: **Wildbienen: Die anderen Bienen.** Pfeil Verlag, München

Witt, Reinhard: **Das Wildpflanzen-Topfbuch. Ausdauernde Arten für Balkon, Terrasse und Garten.** Selbstverlag

WILDBLUMENWISSEN

www.die-wildblume.de
Gärtnerei mit Informationen rund um die Wildblumenwiese im Garten und auf dem Balkon

www.natur-im-vww.de
Detaillierte Informationen und Bezugsquellen für Regiosaatgut

www.naturgarten.org
Rund um den Naturgarten mit Wissen zu Wildpflanzen für Garten und Balkon

www.tausende-gaerten.de
Kampagne für mehr Wildpflanzen in Gärten und Parks

www.rieger-hofmann.de
Informative Webseite rund um zertifiziertes Regiosaatgut

BEZUGSQUELLEN

WILDPFLANZENSAATGUT

Artha Samen
www.arthasamen.ch

Jelitto Staudensamen
www.jelitto.com

Saatgut-Vielfalt
www.saatgut-vielfalt.de

Samen Maier
www.samen-maier.at

Templiner Kräutergarten
www.templiner-kraeutergarten.de

Wildsamen-Insel Uta Kietsch
www.wildsamen-insel.de

YoSana Wildblumensaatgut
www.yosana.net

WILDPFLANZEN

AllgäuStauden GbR
Weipoldshofen 2
88299 Leutkirch
www.allgaeustauden.de

Bioland-Gärtnerei für Kräuter und Wildpflanzen Strickler
Wormser Str. 78
55232 Alzey
www.gaertnerei-strickler.de

Die Wildstaudengärtnerei AG
Neumühle 2 , Waldibrücke
6274 Eschenbach
Schweiz
www.wildstauden.ch

Gärtnerei StaudenSpatz
Kreilhof 7
82386 Oberhausen
www.stauden-spatzundfrank.de

Gerd Dieter Düring
www.nr-01.de

Nordischer Garten
Kürnberg 110
3352 St. Peter in der Au
Österreich
www.nordischer-garten.at

Stauden Stade
Beckenstrang 24
46325 Borken-Marbeck
www.stauden-stade.de

Staudengärtnerei Gaißmayer GmbH & Co. KG
Jungviehweide 3
89257 Illertissen
www.gaissmayer.de

Wilde Blumen OG
Puchheimer Str. 9
4844 Regau, Österreich
www.wildeblumen.at

SAATGUTBÖRSE UND -TAUSCH

www.saatgutkampagne.org/diverse_boersen.html
www.saatgut-tauschen.de
www.tauschgarten.de

BIOGARTENVERSAND

www.biogartenversand.de
www.gruenteam-versand.de
www.biogartenladen.de
www.biogarten.ch

ÖKOLOGISCHE BLUMENZWIEBELN

Natural Bulbs
www.naturalbulbs.de

De Warande
www.starkezwiebeln.de

NISTHILFEN FÜR INSEKTEN UND VÖGEL

www.naturschutzcenter.de
www.bundladen.de
www.nabu-shop.de
www.vivara.de
www.schwegler-natur.de

INSEKTENBALKON

www.wildermeter.de
www.naturgartenfreude.de
www.wildbienen.info
www.wildbiene.com
www.naturgarten.org
www.hortus-netzwerk.de
www.hortus-insectorum.de
www.deutschland-summt.de
www.trachtfliessband.de

FACEBOOKGRUPPEN

Bio-Balkon Kongress
www.facebook.com/groups/1291278840940692/
Wir helfen Wildbienen!
www.facebook.com/groups/wildbienenhilfe/
Rund um die Wildvogelhilfe
www.facebook.com/groups/966124520122528/

REGISTER

BILDNACHWEIS

Cover: Sibylle Pietrek

Adobe Stock: 011-1, 028-1, 029-2, 030-1, 031-2, 034-2, 036-1, 038-1, 039-1, 039-2, 041-2, 044-2, 046-1, 046-2, 047-1, 050-1, 051-2, 054-1, 055-1, 055-2, 057-1, 061-1, 062-1, 070-3, 071-1, 071-3, 074-2, 074-3, 075-5, 079-3, 083-2, 083-5, 086-1, 086-3, 087-2, 087-3, 087-5, 088-2, 092-1, 092-3, 093-1, 093-5, 096-2, 096-3, 097-2, 100-1, 101-3, 101-4, 104-1, 105-1, 106-1, 111-3, 114-3, 115-2, 115-3, 115-4, 127-3, 128-1, 128-2, 128-3, 147-1, 147-3, 147-4, 147-5, 148-1; **Alamy Stock Foto/ Zoltan Bagosi:** 054-2**; /Richard Becker:** 061-2; **/Bob Gibbons:** 060-2, 096-1, 111-1, 123-2; **/Nature Photographers Ltd:** 082-1; **/Premium Stock Photography GmbH:** 092-2, 097-3, 123-3; **/John Richmond: 111-4; /STUDIO75:** 070-2, 083-4; **/Alexander Zam:** 127-1; **/Zoonar GmbH:** 075-1; **Atessa Bienhuels:** 140; **Stefanie Binder:** 006, 008, 010, 012, 015-1, 019, 020, 023, 024, 064, 066, 148-3; **Frank Eidel:** 150-2; **Flora Press BIOSPHOTO/Jean-Yves Grospas:** 059-2; **/BIOSPHOTO/ NouN:** 148-2; **/BIOSPHOTO/Serge Lapouge:** 132; **/Blitzart:** 016; **/goldherzkolibri:** 032-2; **/Ute Klaphake:** 070-1; **/Martina Schindler:** 032-3; **GAP Photos/Dave Bevan:** 045-1; **/ Mark Bolton:** 126-3; **/Amanda Darcy:** 142; **/Martin Hughes-Jones:** 082-3; **/Robert Mabic:** 088-1, 105-2; **/ Jonathan Need:** 110-3; **/Nova Photo Graphik:** 040-2, 097-4; **Gärtnerei StaudenSpatz:** 060-1, 079-1, 123-4; **getty images:** 031-1, 034-1, 038-2, 057-2, 058-1, 059-1, 063-1, 075-3, 075-4, 078-1, 078-2, 078-3, 086-2, 087-1, 105-3, 105-5, 127-2, 127-5; **Frank Hecker:** 037-1, 083-1, 101-1, 123-5, 126-2; **iBulb/Wouter Koppen:** 032-1; **Nina Keller:** 011-2, 017-1, 026, 130, 134, 143-1, 145-1, 145-2; **mauritius images/Cavan Images:** 143-2; **/ CubolImages/Paroli Galperti:** 097-5; **/GWI/Dave Bevan:** 028-2; **/GWI/ Gilles Delacroix:** 035-2; **/GWI/Trevor Sims:** 045-2, 119-5; **/imageBROKER/Caroline Brinkmann:** 035-1; **/ imageBROKER/FLPA/Bob Gibbons:** 101-5; **/Josef Kuchlbauer:** 049-1; **/ McPhoto/Erich Thielscher:** 110-2; **/ Pitopia/Bernd Pfeifer:** 082-2; **Nordischer Garten:** 115-1; **Shutterstock:** 029-1, 030-2, 036-2, 037-2, 040-1, 041-1, 044-1, 047-2, 048-1, 048-2, 049-2, 050-2, 051-1, 052-1, 052-3, 056-1, 056-2, 058-2, 062-2, 063-2, 071-2, 071-4, 071-5, 074-1, 075-2, 079-2, 079-4, 079-5, 087-4, 088-3, 093-2, 093-3, 093-4, 100-2, 101-2, 104-3, 105-4, 106-2, 110-1, 111-2, 111-5, 114-1, 114-2, 115-5, 118-1, 118-2, 118-3, 119-1, 119-2, 119-3, 119-4, 122-1, 122-2, 122-3, 123-1, 126-1, 127-4, 147-2; **Stauden Stade:** 100-3; **Martin Staffler:** 042-2; **Friedrich Strauss:** 014, 015-2, 017-2, 042-1, 052-2, 104-2, 137-1, 137-2, 137-3, 137-4, 137-5, 139-1, 139-2, 139-3, 139-4, 139-5, 139-6; **VWW - Verband deutscher Wildsamen- und Wildpflanzenproduzenten e.V.:** 150-1; **Wikimedia/Fornax:** 097-1

Illustrationen: Bella Illenberger

Syndication: www.seasons.agency

GARTENLUST PUR.

ISBN 978-3-8338-6870-2

ISBN 978-3-8338-7352-2

ISBN 978-3-8338-7354-6

ISBN 978-3-8338-6194-9

ISBN 978-3-8338-7549-6

ISBN 978-3-8338-5987-8

e Auch als eBook erhältlich.

GU

Mehr von GU auf **www.gu.de** und **facebook.com/gu.verlag**

IMPRESSUM

QUALITÄTS G|U GARANTIE

LIEBE LESERINNEN UND LESER,

wir wollen Ihnen mit diesem Buch Informationen und Anregungen geben, um Ihnen das Leben zu erleichtern oder Sie zu inspirieren, Neues auszuprobieren. Wir achten bei der Erstellung unserer Bücher auf Aktualität und stellen höchste Ansprüche an Inhalt und Gestaltung. Alle Anleitungen und Rezepte werden von unseren Autoren, jeweils Experten auf ihren Gebieten, gewissenhaft erstellt und von unseren Redakteur*innen mit größter Sorgfalt ausgewählt und geprüft.

Haben wir Ihre Erwartungen erfüllt? Sind Sie mit diesem Buch und seinen Inhalten zufrieden? Wir freuen uns auf Ihre Rückmeldung. Und wir freuen uns, wenn Sie diesen Titel weiterempfehlen, in Ihrem Freundeskreis oder bei Ihrem Online-Kauf.

Sollten wir Ihre Erwartungen so gar nicht erfüllt haben, tauschen wir Ihnen Ihr Buch jederzeit gegen ein gleichwertiges zum gleichen oder ähnlichen Thema um.

KONTAKT ZUM LESERSERVICE

GRÄFE UND UNZER VERLAG
Grillparzerstraße 12
81675 München
www.gu.de

GRÄFE UND UNZER

Ein Unternehmen der
GANSKE VERLAGSGRUPPE

G|U

GU ist eine eingetragene Marke der GRÄFE UND UNZER VERLAG GmbH, www.gu.de

ISBN 978-3-8338-8095-7
2. Auflage 2023

Projektleitung: Fabian Barthel
Lektorat: Dr. Stefanie Gronau
Bildredaktion: Esther Herr, Schreibergarten; Natascha Klebl (Cover)
Umschlaggestaltung:
ki 36 Editorial Design, Bettina Stickel
Layout: Marion Feldmann
Herstellung: Gloria Schlayer
Satz: Marion Feldmann
Reproduktion: Longo AG, Bozen
Druck und Bindung: Firmengruppe APPL, aprinta druck, Wemding

UMWELTHINWEIS

Nachhaltigkeit ist uns sehr wichtig. Der Rohstoff Papier ist in der Buchproduktion hierfür von entscheidender Bedeutung. Daher ist dieses Buch auf PEFC-zertifiziertem Papier gedruckt. PEFC garantiert, dass ökologische, soziale und ökonomische Aspekte in der Verarbeitungskette unabhängig überwacht werden und lückenlos nachvollziehbar sind.

WICHTIGER HINWEIS

Die Gedanken, Methoden und Anregungen in diesem Buch stellen die Meinung bzw. Erfahrung der Verfasserin dar. Sie wurden von der Autorin nach bestem Wissen erstellt und mit größtmöglicher Sorgfalt geprüft. Sie bieten jedoch keinen Ersatz für persönlichen kompetenten Rat. Jede Leserin, jeder Leser ist für das eigene Tun und Lassen auch weiterhin selbst verantwortlich. Weder Autorin noch Verlag können für eventuelle Nachteile oder Schäden, die aus den im Buch gegebenen praktischen Hinweisen resultieren, eine Haftung übernehmen.

DIE AUTORIN

Nina Keller ist leidenschaftliche Wildpflanzengärtnerin. Ihre Liebe zur Natur hat sie durch das Studium der Biologie zu ihrem Beruf gemacht. Angefangen hat das Gärtnern mit Wildblumen in Berlin, inzwischen ist sie Brandenburgerin und verwandelt zusammen mit ihrem Mann den Hofgarten in einen öffentlich zugänglichen Natur-Schaugarten.
Sie leitet einen landwirtschaftlichen Betrieb zur Vermehrung von Regiosaatgut und betreibt den angeschlossenen Onlineshop für einheimisches Wildpflanzensaatgut. Im Auftrag, die Natur zu schützen, engagiert sie sich dafür, das Gärtnern mit einheimischen Wildblumen für die breite Öffentlichkeit interessant und zugänglich zu machen.

www.die-wildblume.de
www.yosana.net

DIE WILDBLUME

let's flower the world YOSANA